漫漫港歷史

黃家樑　陳志華　著

策劃編輯	梁偉基	
責任編輯	許正旺	朱卓詠
書籍設計	陳朗思	
插圖繪畫	任媛媛	

書　　名	漫漫港歷史
著　　者	黃家樑　陳志華
出　　版	三聯書店（香港）有限公司
	香港北角英皇道四九九號北角工業大廈二十樓
香港發行	香港聯合書刊物流有限公司
	香港新界荃灣德士古道二二〇至二四八號十六樓
印　　刷	寶華數碼印刷有限公司
	香港柴灣吉勝街四十五號四樓 A 室
版　　次	二〇二四年七月香港第一版第一次印刷
規　　格	特十六開（150 mm × 210 mm）三七六面
國際書號	ISBN 978-962-04-5334-2

© 2024 三聯書店（香港）有限公司

Published & Printed in Hong Kong, China.

目錄

Chapter 02　近代篇 --------------------------

Chapter 03   現代篇 -----------------------

前言

　　曾幾何時，在中史課堂上，提到五代十國歷史，順便介紹大埔在當時的養「珠」業發展蓬勃，所產「珍珠」屬價值連城的貢品，有同學表示早已知悉，令老師大感安慰，豈料忽然拋下一句「這有何奇怪，新界農場自然是養『豬』啦」，叫人哭笑不得。類似的例子，在我們的教學生涯中，實在不勝枚舉。有同學不知道香港曾經受英國殖民統治，有同學從未聽聞過甚麼是日本侵佔香港的「三年零八個月」，更有同學以為清政府在《南京條約》簽署前不知有香港島的存在，對香港古今歷史一知半解，但又自我感覺良好，不覺得有何可惜。

　　幸好，在一片保育香港本地文化歷史的熱潮下，香港歷史的關注者和愛好者與日俱增，跟昔日處處是香港史「史盲」的情況已不可同日而語。隨著近年教育當局對中史科日趨重視，上述笑中有淚的「課室現場」已有所減少。這幾年間，先是中學中史課程改革，初中中史科恢復獨立必修科地位，並加入香港史元素；新推出的公民與社會發展科，也有不少課題涉及國家與香港的歷史關係；即將實行的小學人文科，課程亦會涵蓋國家與香港的歷史概況。然而，儘管香港史愈來愈受重視，適合青年人和初學者的入門

讀物，實在為數不多。有見及此，我們合作撰寫此書，希望能夠為廣大讀者，提供一本簡單易懂、知趣並重、內容多元化的香港史簡明讀本。

本書的內容有以下幾個特點：首先，以通史的形式編排，分為「古代篇」、「近代篇」和「現代篇」三部分，從古到今順時序地介紹香港歷史發展。古代篇介紹從六千多年前的上古新石器時代至清代初年的史事，讓讀者了解在不同朝代，國家整體歷史和香港地方歷史之間的密切關係。「近代篇」從清代中葉的鴉片戰爭說起，一直到日本投降、香港重光，力求以小見大，將香港的命運扣連到國家在這時期面對的內憂外患。「現代篇」則敘述新中國成立到改革開放的發展，在介紹香港如何發展成國際大都市的過程中，令讀者得以窺見國家在內政和外交方面的演變。

再者，一般貫通古今的通史，都或多或少集中在政治角度之上，從朝代演變的大歷史出發，但本書在此以外，也會旁及香港在城市建設、醫療衛生、工商經濟、交通運輸、教育事業、飲食文化、傳播媒界等方面的發展，以獨立的篇章將上述香港社會文化發展的概況和歷史大事，一一娓娓道來，令讀者既能夠從「縱向」對香港不同時間的發展有鳥瞰式回顧，也可以從「橫向」認識近百年間香港在不同方面的滄桑變化，全面認識我們這處「生於斯，長於斯」的地方。

此外，為切合不同年齡層和背景各異的讀者需要，本書力求深入淺出，知趣並重，一方面簡明有序地陳述香港歷史的演化，一方面設計了「歷史知識知多點」和「藏在身邊的史事」兩個欄目，加入一些有趣的掌故、軼事和故事，並介紹跟不同史事有關的街

道、古蹟、古物等，希望令香港歷史變得生活化，將看似遙不可及的歷史帶到讀者眼前。例如：在〈東晉時期的新移民〉一篇，從廣東人常用俗語「死仔包」，帶出水上人在古代受盡歧視的處境；在〈鴉片戰爭與香港〉一篇，介紹了砵甸乍街、硫磺海峽、卑路乍街等街道和地名的來龍去脈，讓大家從身邊熟悉的事物，去發掘歷史在今日社會留下的烙印。

　　本書由我們兩位通力合作完成，在構思全書脈絡、各篇內容、要旨方向後，由黃家樑負責前半部各篇（歷史悠久的摩崖石刻至新界保衛戰），再由陳志華負責後半部的篇章（鼠疫橫行至香港回歸）。本書之所以能夠成功面世，實有賴香港三聯書店梁偉基先生的構思和策劃，朱卓詠小姐和許正旺先生在編輯和美工方面的悉心協助，我等在此一併衷誠致謝。我倆編寫時，已力臻完美，惟學海無涯，內文或仍有不足之處，望廣大讀者不吝賜正。期望日後推出更多好的歷史讀物，供廣大讀者研讀和指正。

黃家樑　陳志華

Chapter 01

古代篇

01

歷史悠久的
摩崖石刻

香港從甚麼時候起開始有人居住呢？香港人「祖先」的生活情況是怎樣呢？要回答這些問題，我們可以從香港沿海的「摩崖石刻」說起。

古人崇拜摩崖石刻意想圖

甚麼是摩崖石刻？

甚麼叫「摩崖石刻」？那是香港歷史上第一批居民在石壁上刻鑿的圖案。這些石刻因少有文獻記載，現已難以考證它們的刻鑿年代和方法。至於出自誰人之手，也是無從考證，但絕對不是外星人吧！這些石刻多位處香港沿海，分佈的地域很廣，大多鑴刻在海邊岩石上，紋飾由幾何圖形或鳥獸構成，與我國古代青銅器上的圖案相似，所以學者多推斷石刻屬於青銅器時代，大約有三千年歷史。

宗教崇拜，祈求出海平安

香港境內迄今發現的古石刻共有長洲、黃竹坑、東龍洲等九處，皆被列為香港法定古蹟。這些古代石刻大多處於海邊的崖壁上，其圖案風格十分相近，大部分是鳥獸類迴紋，或是幾何及曲線圖案，與上古時期先民崇拜的「圖騰」相似。所謂圖騰，是指古時人們把某種動物、植物或特別物件當作自己祖先或保護神。昔日香港的居民屬於古越族人，過著打獵和捕魚生活，所以在海邊刻上這些象徵神祇的圖案，定期進行祭祀，一方面祈求出海捕魚能夠平安歸來，另一方面希望石刻能夠鎮壓風浪，護佑出海作業的人。因此，香港發現的石刻有一些共通點，就是大多臨近水邊，向著大海；石刻前面有一塊平平的大石，相信是讓人站在上面進行崇拜。

圖案不清，但意義非凡

　　由於年代久遠，石刻面上的圖紋飽受風雨侵蝕，大部分早已難以辨別其全貌。能夠清楚辨認圖案的全部形象，現時就只有東龍島石刻。雖然這些石刻大多模糊不清，但它的出現證明香港三千多年前已有人聚居，而且會進行宗教活動，與世界各地的上古人類一樣，有著圖騰崇拜的習慣。更重要的是，石刻的形貌有別於歐美非洲等地的圖案，而是跟我國商周青銅器時代陶器和青銅器紋飾類近，可見這些石刻深厚的歷史淵源。

長洲石刻近景

位於長洲華威酒店附近的摩崖石刻，今已用透明膠板圍封保護。

歷史知識知多點

已列為法定古蹟的九個摩崖石刻

西貢東龍洲石刻	唯一有文獻記載的石刻，清嘉慶二十四年（1819 年）編寫的《新安縣志》記載：「石壁畫龍，在佛堂門有龍形刻於石側。」
大嶼山石壁石刻	1938 年被學者陳公哲發現，位於石壁監獄以東。
蒲台石刻	1960 年代在蒲台島的南端被發現，左邊的狀似動物杣魚，右邊是一組螺旋紋。
南區大浪灣石刻	1970 年由一位警員發現，呈幾何圖紋及抽象的鳥獸紋。
長洲石刻	1970 年由一位地質學家發現，位於華威酒店之下。
西貢滘西洲石刻	1976 年發現，位於滘西洲西北岸。
西貢龍蝦灣石刻	1978 年由一群遠足人士發現，部分狀似鳥獸。
南區黃竹坑石刻	由當地居民發現，位於黃竹坑一條小溪旁邊。
東區黑角頭石刻	2018 年被一位市民發現，位於港島東區歌連臣角。

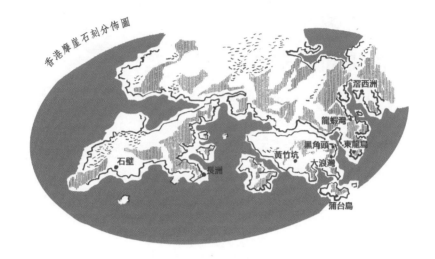

香港摩崖石刻分佈圖

滘西洲
龍蝦灣
黑角頭　東龍島
黃竹坑
石壁　　　大浪灣
長洲
蒲台島

藏在身邊的史事

紋身與生肖

1. 今日不少人會選擇紋身（又稱刺青），這做法原來源自古人類的圖騰崇拜，鳥獸作為部落的象徵以及保護神，將它們刻劃在身上，就會得到神明保護，生活平安，做事也充滿力量。

2. 中華民族有十二生肖的民族文化，每個人的出生年份都有一種動物作為代表。不少學者認為生肖的起源，與圖騰崇拜有著千絲萬縷的聯繫，反映古人類以某種動物象徵自身部族的習慣。

02

香港的首批居民
—— 居於馬灣的原始部落

香港居民的祖先

　　香港的第一批居民於何時出現？他們的生活又是怎樣？想知道答案，就要從考古遺址來尋找蛛絲馬跡。在數千年前，原來已有大量「原居民」住在香港，相關的考古遺址共百多個，分佈於不同地區，其中較早期的有南丫島大灣的遺址（距今約 6,500 年前）。不過，這些遺址只發掘出古人的用品、殘骨、居住遺跡等；而位於馬灣島的東灣仔北遺址，在 1997 年香港國際機場施工期間，考古隊就發掘出一批四千多年前的古墓，埋葬的正是至今所見最早的「香港人」，故入選中國「二十一世紀百大考古發現」。

香港人祖先的外貌是怎樣的？

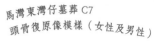

馬灣東灣仔墓葬 C7
頭骨復原像模樣（女性及男性）

　　馬灣遺址屬於新石器時代，當中包括 20 座墓葬，其中 15 座發現了人類骸骨。成功辨認出性別的有 9 位，包括 7 位男性和 2 位女性；另有 6 副骸骨屬死亡年齡不超過 10 歲的兒童。這批「香港人」是典型的亞洲蒙古人種（即黃種人），與廣東其他地區發現的古人身體特徵相似。他們四肢較短，擁有鏟形門齒，眼眶較深，嘴唇偏厚，體形則較矮，女的高 151 厘米，男的高 163 厘米，與今日身形較高大的

香港歷史博物館展出古代香港人以捕魚為生的場景

港人差別甚大。年齡方面，最小的只有幾個月大，最年長的估計超過 40 歲，說明當時兒童的夭折率高，平均壽命較短。

史前香港人怎樣維持生計？

香港史前居民大多住在海灣的沙堤或附近的小山崗上，擁有固定的淡水水源，也有較為平坦開闊的活動區域，水陸路交通便捷，馬灣東灣仔北的遺址也不例外。遺址位於馬灣島東北的小海灣，是一個平坦的沙堤，面向大海，背靠小山丘。即使當時的人仍未懂得農耕，但因鄰近海灣，能提供穩定且多樣化的食物，有利於他們以捕撈、打獵和採集為生，過著安穩的群居生活。據知，他們的食物有 85% 來自海上，包括魚、蝦、蟹、蠔、蜆等海產。

香港的祖先智力是高還是低？

墓葬的陪葬物品有玉石製成的裝飾品，如石環（套在手上，如今日的手鐲）、石玦（有缺口的圓環，穿在耳上，如今日的耳環）。其他出土的物品還有煮食用的釜，陶製器皿如罐、壺、杯等，斬伐樹木用的石斧和石錛（剷形），以及打獵用的石箭鏃、石矛頭等，顯示他們當時已懂得狩獵和生火煮食。在安逸的定居生活下，他們更有空餘時間去生產陶器，改進石器製作的技術，發展出原始的手工業。出土文物中還有罕見的蚌刀，就是將貝殼邊加工成鋒利的刀刃，相信是用來切割肉類或去除魚鱗，足見古人的生活智慧。

香港歷史博物館展出古代香港人製作石器的情景

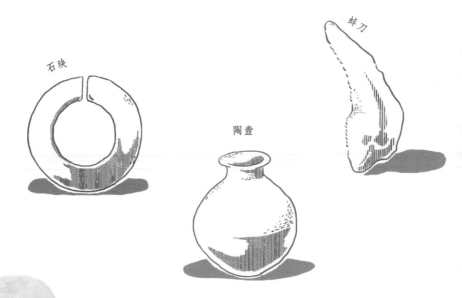

蚌刀

石玦

陶壺

歷史知識知多點

上古歷史的分期

中國考古中的人類發展歷史可簡單劃分為三個時期：

舊石器時代	距今約 200 萬年至 1 萬年（可再分為早期、中期、晚期等）	居於山區，以採集、漁獵為生，石製工具簡陋，但已發展出各種專門用途的工具。
新石器時代	距今約 1 萬年至 4,000 年	在平原地區生活，聚族而居，使用磨製石器，懂得製陶和紡織，在採集和漁獵外，部分地區已有原始農業。
青銅器時代	距今約 3,000 多年（即夏、商、周時期）	發展為成熟農業社會，建立城鎮；掌握冶煉技術，製作各種青銅的器具，如禮器、生產工具、兵器等。

藏在身邊的史事

你的門牙，我的定情信物

在馬灣遺址，考古學家還有一個有趣的發現，就是在兩副人類骸骨（一男一女）上發現拔牙現象，拔牙時間大約是 15 至 17 歲之間，情況與我國其他地區普遍存在的拔牙風俗相似。

估計這是一種「成年」禮儀，象徵人長大後取得婚姻資格。換言之，不進行這個儀式，就不可以結婚。據說一些部落更習慣把拔去的牙齒收藏，求婚時作為定情信物。門牙在古代原來是結婚的准許證，也是對未來生活的美好祝願，如同今日新婚夫婦交換結婚戒指。

03

商周時期的香港

—— 香港與內地的交往始於何時？

新石器時代之後，人類就進入青銅器時代。要開採銅礦石，再用高溫把它熔化成液體，鑄造成各式各樣的器具，工藝要求極高，比打磨石器困難得多，所以自然出現在較後的時期。香港進入青銅器時代大約是 3,500 多年前，即商代中期，並一直延伸到秦代，遺址偏佈南丫島和大嶼山等地。

1988 年有關香港發掘到青銅器時代古物的報道

香港人的祖先已自製青銅器

據史籍記載，聚居中國東南的叫做「古越族人」，因為他們部落眾多，分佈地域廣泛，故統稱為「百越族」。在香港不同地區的考古遺址中，學者發現了不少精美的青銅兵器和工具，包括刀、箭鏃、戈、魚鈎和斧頭等。當中戈是中原地區常用的武器，相信是從中原地區傳入嶺南。在赤鱲角、大嶼山及南丫島等地，更出土了青銅器「石範」。所謂「石範」，是指用石塊刻鑿而成的模具，工匠將青銅熔化成液體，注入模具後待其冷卻，就可製成各式器物。由此可見，當時香港的青銅器是如假包換的「香港製造」，居於香港的古越族人已掌握鑄造青銅器的技術。

銅斧石鑄範

香港是玉器製造中心

在香港，還發現一種屬青銅器時代，經過高溫燒製而成、接近結晶的堅硬陶器。這些陶器有的體積較大，上面有夔紋（中國神話中外貌似龍的野獸）、雲雷紋、菱形格紋等圖案。在一些遺址內，考古學家還發現了製作玉石飾物的作坊，是廣東沿海地區首次發現玉石作坊。遺址內亦有大量製作玉器的工具，如石錘、鋸刀、礪石等，又有玉器原材料及完整的玉石飾物。學者推斷春秋時期的香港是華南的玉器製造中心，產品遠銷鄰近地區，並用「以

物易物」的形式交換青銅器和玉石的原料，從中可見內地與香港自古以來就有密切的經貿聯繫。

內地和香港自古就有密切往來

值得注意的是，這時期出土的還有南丫島大灣的商代墓葬群，其中一個墓穴發現一塊「玉牙璋」，被譽為國寶級文物。牙璋為刀形的器具，體形狹長，柄部呈長方形，是古時貴族專有的，作為尊貴身份的象徵，通常在拜祭時用作禮器。牙璋起源自黃河中下游一帶，流行於夏朝和商朝之間，在香港發現牙璋，說明了中原文化在商代時已大規模向南方散佈，香港先民與中原人士在三千年前已經有直接交往。

古人持璋拜祭

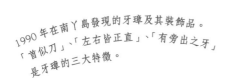

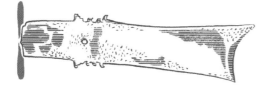

1990 年在南丫島發現的牙璋及其裝飾品。「首似刀」、「左右皆正直」、「有旁出之牙」是牙璋的三大特徵。

歷史知識知多點

古人為何喜愛玉器？

古代人喜歡在身上佩戴玉器，現代也有不少人會購買玉石飾物。從古至今，不少人視玉石為聖潔、完美之物，象徵品格高尚的君子；亦有人將玉石當作吉祥物，可以驅邪避凶，是幸運的象徵。如身上的玉器碎掉了，就是為人消災解難的表現。從宗教角度看，古人還相信玉石是溝通天地的媒介，有通靈作用，玉石作為陪葬品，可以在陰間護佑死者。

🔍 藏在身邊的史事 🔍

「粵」字的由來

今日廣東省簡稱為「粵」，故廣東話叫「粵語」，廣東菜叫「粵菜」，廣東大戲叫「粵劇」。究竟「粵」字從何而來？原來古代「粵」和「越」通用，所以粵地就是古越族所居之地。西漢司馬遷編撰的《史記》仍以「越」字稱呼越族和越地，但到了東漢班固的《漢書》已用「粵地」代表廣東一帶，「越」就漸漸變成了我們今日通用的「粵」。

04

香港列入秦朝版圖
—— 秦始皇跟香港有何關係？

　　自史前時期以來，香港地區屬中國東南地域一部分，是嶺南古越族人的聚居地。香港不但與廣東一帶有經貿往來，更與中原地區有文化交流。到秦始皇建立大一統帝國後，出兵平定百越（當時又稱「南越」），香港正式列入中國版圖。

秦始皇南征百越

秦始皇將香港地區列入版圖

　　秦始皇消滅六國後，致力開拓疆土，在公元前 214 年（即秦始皇三十三年）派出數十萬大軍，兵分五路，花了五年時間，征服南越這大片土地，設置了南海、桂林及象等三個郡，其中南海郡（今廣州市中心）管轄番禺、龍川、四會、博羅等縣。香港跟番禺相鄰，故歸入其管轄，也正式成為秦朝郡縣制下轄區之一。

移民嶺南地區的中原人士

　　將南越收歸中央管治後，秦始皇還留下幾十萬士兵戍守此處。這些來自中原的士兵長居異地，不少尚未娶

秦
（前221-前207）

黃河

長江

珠江

香港

秦代疆域圖

妻，故出任龍川縣令的將領趙佗向朝廷請求派遣三萬女子南下嫁給守軍，而秦始皇最終只派遣了一萬五千人。這是一次中原人口向嶺南地區的大遷徙，而未能與中原女子結婚的軍人，很多都娶了南方的越族人為妻，兩個地區的文化因而進一步交流。

　　秦朝滅亡後，天下大亂，民變四起。趙佗在南海郡起兵反秦，之後吞併了桂林郡和象郡，建立了南越國，定都番禺。這時

香港一帶土地都歸入南越國的管治。直到公元前 112 年（西漢元鼎五年），西漢武帝出兵消滅南越國，重新設置南海、蒼梧、交趾等九郡，香港回歸番禺縣管轄，中央恢復了對香港的統治。

香港發現秦漢古物

　　時至今日，考古學家在本港各區出土了大量秦代和漢代的文物，讓我們了解到當時嶺南和中原地區的緊密關係。近年，在屯門、馬灣、大嶼山等地，出土了秦代的半兩錢和漢代的五銖錢，又發現了漢代的青銅盤、青銅耳杯等器皿，以及鐵斧、鐵鍤等農業用具等。此外，一些鐵製的器具和武器出土，相信是駐守南方的軍隊所用，可見當時中央政府已經對嶺南地區實施有效管治，甚至派兵駐守。

歷史知識知多點
香港歷史上隸屬的地方政府

　　自秦始皇征服南越，香港地區正式歸入中國版圖，之後在不同朝代，隸屬不同郡縣管治。

朝代	年份	所屬地方政府	史事
秦代	秦始皇三十三年（前 214 年）起	南海郡番禺縣	秦統一天下，香港列入國家版圖。

東晉	成帝咸和六年（331 年）起	東莞郡寶安縣	隨著南方人口增加，南海郡一分為二，部分分拆為東莞郡。
唐	肅宗至德二年（757 年）起	廣東府東莞縣	肅宗厭惡反唐的安祿山，下令全國帶「安」字的地方改名，寶安縣改為東莞縣。
明	神宗萬曆元年（1573 年）起	廣州府新安縣	沿海常遭倭寇侵擾，為加強防守，東莞縣南面地區另設新安縣。

🔍 藏在身邊的史事 🔍

寶安縣

　　香港在古時曾隸屬寶安縣。寶安這名字源於東莞市的寶山，當中所指的「寶」就是白銀。原來古代人曾在此開採銀礦，礦山被稱為寶山，也出自「得寶而安」的說法，朝廷決定以「寶安」作為新縣的名字。

　　到了明代，朝廷在昔日寶安的部分地區設立一個新縣，取名新安縣，據說就有「新寶安縣」的意思（另一說法是「革故鼎新，轉危為安」之意）。1979 年，國家推行改革開放，決定撤除寶安縣，成立深圳市；1980 年深圳特區成立後，一度恢復寶安縣，管轄深圳特區外的其他地方；1993 年寶安縣再次撤銷，至今只留下「寶安區」作為歷史見證。

現代深圳

05

漢代古墓
—— 有墓無屍的靈異事件？

1955 年 8 月 9 日，興建李鄭屋徙置區的建築工人，在挖掘一座小山丘時，突然發現有一類似防空洞的拱形洞穴，隨後更掘出陶器古物多件，是類似陪葬品的

1955 年 8 月 10 日有關發現李鄭屋古墓的報道

陶器。事件震動全港，香港大學中文系系主任林仰山教授帶領大學師生協助發掘，一個千年古墓就這樣無意間重現世上。

李鄭屋古墓的特色

整個古墓用磚塊砌成，墓穴的洞口呈圓拱形，內裏有四個室，墓的前室為穹窿頂，從高俯視呈現「十字形」，長約八米，闊十米。這建築形式的墓室常見於東漢時期，在華南地區也有發現。此外，古墓的部分磚塊刻有文字，當中包括「大吉番禺」和「番禺大治曆」等，而本港在漢代時由番禺縣管轄，兩者互相吻合，所以學者估計，這是一座東漢中期的古墓，已有 1,800 多年的歷史。

李鄭屋古墓內貌

單券頂
右耳室
穹窿頂
後室
小龕
李鄭屋古墓內部
羨道
前室
左耳室

古墓所藏的物品

古墓出土陪葬品共 58 件，其式樣常見於華南的東漢古墓中，當中有杯、鼎、罐、壺、鏡等生活器具，又有房屋、水井、爐灶等陶製模型，其中一屋外有小犬一隻，另一屋內有人在舂米，我們能夠從中得知當時農業社會的生活狀況。此外，古人以銅製成鏡子，用陶器來煮食及儲存物品，有多種不同式樣的飲食器皿，生活水平頗高。奇怪的是，墓內只有陪葬品，卻不見棺木和屍骨，所以專家估計古墓是一個用以紀念先人的衣冠塚，而不是墓主葬身之地。

從古墓看漢代的香港

古墓坐落長沙灣東京街的北端，原本臨近海邊，但經過多次填海工程後，古墓變成位於內陸地區，與深水埗的海岸線相距有兩公里之多。為甚麼古墓會位處海邊？這跟墓穴主人的身份又有沒有關係？原來西漢武帝時，中央政府實行鹽鐵酒專賣，將鹽這種生活必需品收歸國營。由於香港屬沿海地區，鹽產豐富，所以當時的中央政府很可能在香港設置官府，負責生產和轉運海鹽的事務。因此，學者相信古墓的主人可能是一位財力雄厚的鹽商或是管理鹽業的官員，其在港去世後，後人便在海旁設置一個衣冠塚，作為紀念。

為了保留這個極具歷史價值的古墓，政府已將它改建成一所博物館，供遊客觀賞，旁邊還修建了一個別具特色的「漢花園」，讓遊人發思古之幽情，在親身一看漢代文物之後，能夠緬懷香港歷史的滄桑變化。

李鄭屋古墓已改建成博物館，墓穴外加建保護設施。

歷史知識知多點

鹽專賣制度

中國自西漢武帝開始，為了增加政府收入，推行鹽的專賣制度（指某類物品由政府壟斷經營）。中央在全國各地設置鹽官，由政府招募當地百姓產鹽，生產工具由官府提供，產品以指定價格賣給官府，而私下產鹽出售的會受到處罰。西漢時期，香港地區受番禺縣管治，中央也在此設置鹽官，香港地區的鹽場被納入其管轄範圍，足見香港絕不是不受朝廷管制的偏遠之地。

藏在身邊的史事

以姓氏命名村落

　　昔日中國人的農村社會喜歡同姓族人聚居在一起，故各地都有一些「一姓村」（或稱為「單姓村」）。內地與香港文化一脈相連，也有不少同姓的村落，一些村落更因此得名。李鄭屋所在地前身為「李屋村」和「鄭屋村」，居於該地的主要是姓李和姓鄭的村民。其他地區也常見這種情況，如沙田區有「王屋村」、九龍的何文田就因何氏、文氏、田氏三姓的人在此聚居而得名。

06

東晉時期的新移民
—— 香港有人魚出沒？

香港曾是一個漁港，不少居民以捕魚為生，居於自己漁船之上，被稱之為「水上人」或「蜑家人」。這些水上人的祖先是誰呢？為何他們要居於香港一帶，過著以船為家的生活呢？他們的故事原來可以追溯到 1,700 年前東晉時期的一次民變。

東晉孫恩盧循之亂

東晉末年，政治黑暗，戰亂頻生，人民生活困苦，民變時有發生，規模較大的一次稱為「孫恩盧循之亂」。道教徒孫恩在江蘇、浙江一帶以宗教思想號召民眾，舉兵起事，參與者多達十多萬人。不過，在朝廷各路大軍夾擊下，孫恩最終戰敗，投水自殺。其殘餘部眾推舉他的妹夫盧循為首領。盧循先從海路逃到廣東，之後竟反敗為勝，佔領廣州，再北上直逼首都建康（今南京）。後來，

朝廷派勇將劉裕帶兵反攻，盧循屢戰失利，先退回廣州，再逃到交州（今越南河內），最終兵敗自殺。

民變餘部流落大嶼山

話說當時盧循在廣州敗陣時，一些部下沒有追隨他到交州，而是躲藏在大奚山（即今大嶼山）一帶，隱姓埋名，成為當地的「新移民」。歷代不少學者文人都認為，盧循的餘黨很可能就是大嶼山一帶「水上人」的先祖，稱之為「盧餘」或「盧亭」，也就是盧循子孫的意思，他們逃亡到大嶼山後，只能居於船上，以捕魚為生，拿漁獲跟當地的原居民交換米和酒，生活困苦。

半人半魚的變種生物？

一些傳說更大加渲染，指水上人都是赤身露體，毛髮焦黃而短，眼睛是黃色的，能潛入水中三、四日而不死。他們的後代甚至轉化為魚類，活像西方神話傳說中的美人魚。顯

中國古籍《山海經》記載的人魚形象

而易見，這些傳說對這群充滿神秘色彩的「水上居民」，帶有歧視意味，也可能由於這批來自外地的水上居民，跟大嶼山的本地人語言不通，風俗有異，又沒有良好的經濟和教育條件，才引致陸上人的誤解和歧視，把他們當作半人半魚的生物。

歷史知識知多點

水上人的由來

　　相信不少人都聽過「蜑家人」（疍家人）這名詞。「蜑家」或「蜑民」是中國東南沿海水上居民的統稱。他們的來歷眾說紛紜，學者相信其祖先是歷代因戰亂而逃到海上居住、隱姓埋名的人。最早可追溯至春秋戰國時期，之後有逃避秦朝暴政的，也有漢武帝征服南越之後逃亡到海上的，當然也不少得上文提及東晉盧循的餘部。

　　至於香港的「水上人」，按 1841 年《香港憲報》的統計，香港島總人口是 7,450 人，約 2,000 人居住艇上。1855 年《遐邇貫珍》第 5 號記載了群帶路（上環至灣仔對出海面）、石排灣兩處的水上居民分別有 15,902 人和 5,266 人。英國人向清政府租借新界後，輔政司駱克（J. H. Stewart Lockhart）把香港華人劃分為三個族群：本地（Punti）、客家（Hakka）、蜑家（Tanka）三種，蜑家人就是水上居民。

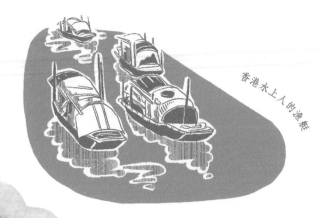

香港水上人的漁艇

藏在身邊的史事

「拉人夾封艇」和「死仔包」

　　自古以來，居於水上的蜑家人地位低微，屬於「賤民」和「蠻族」，長期受到歧視。官府不准他們搬到岸上居住，不可讀書識字，不得與陸上人家通婚。

　　清代解放「賤民」，將水上人編入戶籍，但執法時會對他們仍較為嚴苛。如某一艇戶有一人違法，官府除拘捕涉事犯人外，還會即時終止該艇運作，將其沒收，禍及艇戶全家，故民間就有了「拉人兼封艇」這句俗語（但陸上人犯法不會拉人兼封屋）。

　　此外，以往由於蜑家人不得上岸定居，故死後也沒有葬身之地，其屍體只能掩埋於一些人跡罕至的小島或沙灘上。遇上嬰兒夭折，蜑家婦女就會用布將其屍體包好，加以棄置，坊間稱之為「死仔包」，由此也衍生出咒罵人「早死早著」的俗語「死仔包」。

香港仔避風塘內泊滿水上人的漁船

07

南朝名僧
——青山的杯渡仙蹤

相信大家都見過別人在水上划艇和玩獨木舟,但又能否想像有人可以乘坐一個木造的大杯飄洋過海呢?這位傳奇人物就是古代名僧「杯渡禪師」。

屯門位處中外交通要道

魏晉南北朝(220–589 年)是中國歷史上南北分裂的時代,北方由胡人統治,南方則建立漢人政權。南方的東晉政府,被將領劉裕篡奪皇位,建立了新朝代「宋」,史稱「劉宋」,開始了「南朝」時代。南朝的君主不少都信奉佛教,這時也有大量外地僧侶從海上絲綢之路來華傳教。屯門作為一個天然避風港,不少往來中外的船隻都會在此停駐,在我國海上交通史上有舉足輕重的地位。因此,曾到訪屯門的名人實在不少,其中一位就是著名的杯渡禪師。

法力高強的杯渡禪師

話說當時一位印度僧人來到中國遊歷，弘揚佛法，隨身攜帶一隻大木杯，遇上渡江和過海之時，就會站於木杯之內，在水上飄然而去。當時，沒有人知道他的姓名和法號，只見他以木杯渡水，便稱他為「杯渡禪師」。

杯渡禪師行蹤不定，舉止古怪，神秘莫測，最初先出現於北方，傳播佛法，設立道場。《高僧傳》記載他赤腳走路，睡覺時穿上鞋，行走速度比騎馬要快，愛以寒冰洗澡，行為怪異。又傳說他法力高強，曾經幫當時的名士齊諧的岳母治病，他只需唸出幾句禪語，病人就不藥而癒。更神奇的是，禪師後來不幸逝世，齊諧把其安葬後，他竟死而復生，還到齊諧的家中拜訪。

杯渡禪師

杯渡禪師居於青山

杯渡禪師在離開北方後，循水路到了廣東和越南一帶，並途經香港屯門，且在山上居住了一段日子，最後才循海路離去。人們為了紀念這位奇僧，就在他住過的山上建造了一座廟宇，名為「杯渡庵」，這座山也命名為「杯渡山」，也就是今日大家熟悉的

屯門「青山」。及至五代十國，廣東地區屬十國之一的南漢統治，南漢君主篤信佛教，將青山封為「瑞應山」，鎮守屯門的軍官陳延更命人雕刻杯渡禪師的神像，於青山上供奉。

現在，青山上還有禪師的石像，據說是後人為紀念他而建的。歷史上的杯渡庵，已不存在，遺跡也難以考證，至今只留下建於 1920 年的青山禪院。正因此處有著如此神秘的傳說，三百年前清朝《新安縣志》（香港當時屬新安縣管治）就將此地列為「新安八景」之一，名為「杯渡仙蹤」。

青山禪院

青山寺內的杯渡岩，後面的岩洞相傳是杯渡禪師渡宿之地。

歷史知識知多點

屯門與中外交通

南北朝時期，中國對外海路交通已經非常發達，高僧法顯正是取道海路從印度返回中國。中國禪宗之開創者、曾經到過少林寺的菩提達摩，也是經海路來到中國。除了宗教人士外，大量來自阿拉伯、印度、東南亞等地的商人也乘商船前來中國經商。屯門作為中國古代對外海上交通的要道所在，中外船隻在進入珠江、到達廣州之前，都要先停泊在此，稍作補給或避風，而從廣州離開到外地的船隻也不例外。正因屯門具有如此重要的地位，唐朝曾經在此駐軍，而「屯門」這名字也有「屯駐士兵，扼守門戶」的意思。

遠眺屯門海域

藏在身邊的史事

杯渡路與青山

　　杯渡路是新界屯門的道路，全長一公里。杯渡路是政府發展屯門新市鎮時興建的首批道路，1975 年刊憲命名。「杯渡」這奇怪的名字，正是源自南北朝時期在屯門居住的杯渡禪師。

　　至於今日的青山，古時稱為杯渡山，也因為杯渡禪師這位聖僧的緣故，又名叫聖山。英國人租借新界後，見此山山頂遠望狀如堡壘，故英文取名為「Castle Peak（堡壘山）」，中文則因其松柏叢生，遍野翠綠，故改稱為青山。

青山寺附近的杯渡路以杯渡禪師而命名

08
韓愈與屯門

屯門在我國海上絲綢之路佔有重要地位，在唐代是一個廣為人知的地方，所以出現了唐代大文豪韓愈曾到此一遊的傳說。

韓愈遊屯門意想圖

韓愈筆下的屯門

話說唐憲宗元和十四年（819年），韓愈見憲宗皇帝極為崇信佛教，花費巨大，更派遣使者到鳳翔迎接佛骨到京城供奉，引來長安城內百姓哄動，於是呈上〈諫迎佛骨表〉，勸告憲宗不要過分崇信佛教，結果被貶至廣東潮州擔任刺史。傳說韓愈從京城長安出發，循海路乘船到廣州，途經香港屯門，因遇上颱風而被迫滯留。颱風過後，韓愈順道遊覽

明《粵大記》收錄的香港地圖已有屯門的名字（圖右下方）

屯門青山，還留下「高山弟一」的石刻。韓愈寫給友人元十八的詩歌〈贈別元十八協律六首〉更記下這段經歷：「峽山逢颶風，雷電助撞捽⋯⋯屯門雖雲高，亦映波浪沒」。

韓愈曾經到過屯門？

不過，根據近代學者考證，韓愈前往潮州時，是循陸路抵達廣東，由東江轉入韓江，再到達潮州，根本沒有循海路到廣州，也不會途經香港屯門。事實是韓愈被貶南方，到了廣東並準備再去潮州之際，遇上友人元十八帶來禮物探訪，於是就寫了幾首詩送給他。當時韓愈人在廣東，即景抒情，自然將當地景物寫入詩中。屯

青山之上建有韓陵片石亭，以紀念韓愈到此一遊的傳說。

門是唐代的軍事要地，青山又是廣為人知的名勝，而韓氏對廣東一帶時有颱風來襲亦必有所聽聞，這一切就自然成了詩歌主題，韓愈與屯門也因此結下了不解之緣。

韓愈在青山留下石刻？

　　至於青山山頂的「高山弟一」石刻，作者原來另有其人。據元朗鄧氏的族譜記載，石刻是錦田鄧氏始祖鄧符協，遊覽青山時摹韓愈手筆而成的。韓愈在文壇大名鼎鼎，鄧符協登上青山，想起韓愈描寫屯門的詩歌，就仿效古人之名，留下題字，實在不足為奇。無論韓愈是否曾到過屯門，事件也側面反映了屯門在唐代的知名度，而韓愈在詩中提到屯門這地方，也是鐵一般的事實。

傳為韓愈所書之「高山弟一」石刻，保留於青山之巔。留意古代「第」字與「弟」字相通，原有字體應為「弟」字，但因遊人以為是錯別字，故塗改為「第」字。

2024 年的「高山弟一」石刻，留意「第」已被改回「弟」字。

歷史知識知多點

屯門是戰略重地

唐代海外貿易非常發達，在廣州、泉州等沿海港口設立「市舶司」，監管各通商口岸的事務，負責徵收稅款、查驗出入船隻、招待和管理外商等，職責類似今日的海關和貿易發展局。市舶司出現顯示當時海上貿易繁盛，中外商品和文化交流頻繁。

《新唐書》記載了從廣州至屯門，再循水路經東南亞至今日印度和阿拉伯的航道。事實上，屯門扼守當時廣州對外通商的海上門戶，故唐玄宗曾派遣二千多士兵駐守此地，守軍還組成艦隊，保護中外貿易通道。玄宗天寶三年（744 年），浙江有海盜吳令光為患，南海太守劉巨麟曾調派屯門的戰艦北上平亂，足見當時屯門的駐軍戰鬥力有多強。

🔍 藏在身邊的史事 🔍

「高山弟一」石刻

時至今日，「高山弟一」的石刻仍屹立於青山山頂，但字體因風雨侵蝕，難以辨認。1919 年時，隱居屯門的清朝遺老曹受培登臨青山遊歷，發現這已有千年歷史的石刻，便聘請工匠拓印和重刻於青山杯渡岩之側，並在旁留下碑記交代事情的始末。

09

宋代採珠業
—— 談大埔採珠場

　　大埔海在古時是採珠重鎮，吐露港一帶
是馳名遠近的採珠場，每年所得珍珠
的數量僅次於廣西合浦。

珍珠

盛產珍珠的大埔海

　　大埔一帶群山環抱，平日風平浪靜，水質優良，適合蚌類水產生長，附近居民多以漁業為生，見採珠較易獲利，自唐代起紛紛加入撈蚌採珠的工作，採珠業開始發展起來。因珍珠熠熠生輝，美麗動人，故古時文人有「水懷珠而川媚」的說法（意思是水中藏著珍珠而變嫵媚美麗），盛產珍珠的大埔海也因此得到「媚珠池」的美譽。

專責管理採珠的機構

五代十國時，南漢統治廣東一帶地區，君主劉鋹非常喜愛珍珠，為了滿足個人慾望，製作珍珠枕頭、手飾之類的珍寶玩物，便在大埔設置了一個名叫「媚川都」的管理機構，招募了三千多人到海裏撈蚌取珠。南漢政府為了監視採珠的工人，確保珍珠運送的安全，防止其他人私下採珠，還派出了數千軍隊在此駐守。

潛水採珠是高危行業？

潛水採珠，在沒有潛水衣和氧氣筒等設備的古代，是非常危險的工作。採珠人先在腰間縛上小繩，腳上纏上大石，然後潛入水底撈蚌取珠，待呼吸困難時就拉動繩子，叫船上的人把他拉上來。有時，船上的官兵或工人會等他們下潛一定時間後，估計已取

明《天工開物》記錄古人潛水採珠的情形

得相當數量的海蚌後，才會把他們連人帶石拉回船上。但因此而氣絕身亡、溺死海中的採珠人實在不計其數，而遭鯊魚吞噬的也為數不少。

大埔採珠業的沒落

有見及此，宋太祖趙匡胤平定南漢後，於開寶五年（972 年）決定解放珠奴，停止採珠。宋代詩人方信孺寫下「潀潀愁雲吊媚川，蚌胎光彩夜連天。幽魂水底猶相泣，恨不生逢開寶年」的詩句，正是大埔採珠奴的血淚寫照。元朝時，官府決定重開採珠場，把七百多家的艇戶編為「珠民」，但珠民不堪勞役，造成大量

船灣淡水湖原是吐露港北面的海灣，五代十國時南漢在此採珠，至 1960 年仍有幾家珠場在此經營。

逃亡，採珠收穫又未如人意，引起群臣反對，採珠場被迫關閉。

　　明朝以後，朝廷又再嘗試在大埔採珠，但歷代政府只顧開採，沒有做好保育的工作，珠蚌因過度開採，未能及時繁殖，產量無以為計。至萬曆年間，終於下令停止，大埔的採珠業自此式微。

歷史知識知多點

珍珠的歷史

　　珍珠盛產於淺水海域，自古以來就被視作珍寶。戰國時期的《尚書》已記載淮水盛產珍珠。兩漢時期，地處亞熱帶的廣西合浦是著名的採珠之地，廣東雷州的珍珠也非常受歡迎。由於過度捕撈，清代時兩廣沿海地區的採珠業已日漸衰落，由產自東北松花江一帶的珍珠取而代之。

🔍 藏在身邊的史事 🔍

大步與大埔

　　大埔古時稱為「大步」，相傳當地居民為躲避老虎野豹等猛獸，會結伴而行，且大步行走，故因此得名。至於另一說法，「大步」其實是「大埗」的同義詞，「步」和「埗」相通，可以解作水邊的地方或碼頭，如九龍區海旁就有深水埗一地。因此，「大步」應指吐露港上的大碼頭，相信是古時運送珍珠之用。

　　明代《粵大記》就記載了「大步頭」的地名，當中的「步頭」正是碼頭的意思，吐露港在古時被稱為「大步海」。及至清朝中葉，客家人大量遷入，他們又喜歡用「埔」字描述平坦之地，故「大埔」和「大步」兩個名字同時出現，直至英國租借新界後才統一使用「大埔」這名字。

明《粵大記》收錄的廣東沿海圖，右下方的瀝源村旁邊是「大步頭」。

10
中世紀的移民潮
—— 五大氏族

今日的香港是國際大都會，人口多達七百多萬，每年都有不少人移居香港。原來較大規模的移民潮始於宋代，這批早期來香港定居的人士，逐漸發展為聞名遠近的「新界五大氏族」，在香港史上扮演舉足輕重的角色。

來自內地的香港居民

新界五大氏族指元朗鄧氏、新田文氏、上水廖氏、上水侯氏及粉嶺彭氏。在過去數百年間，他們在所居之地興建圍村，聚族而居，建立大量祠堂、書室和廟宇，又在新界各區開闢交通要道，設立墟市以便利坊眾，對新界的發展居功至偉。因此，英國政府向清政府租借新界後，見他們在區內居於領導地位，名下登記之田產土地又較多，故稱他們為「五大家族」，屬於「本地人」。

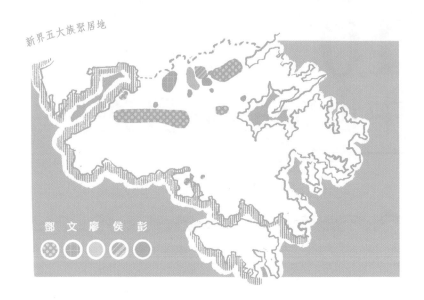

新界五大族聚居地

鄧 文 廖 侯 彭

定居新界，建設香港

在五大家族之中，首先來港定居的是鄧氏和侯氏。北宋年間，鄧氏家族從江西移居廣東錦田（古稱岑田），之後族人逐漸擴展到元朗屏山、元朗厦村、粉嶺龍躍頭、大埔大埔頭等地，成為最早定居於香港的漢族移民。侯氏是北宋時第二個來港的大族，他們先從中原移居廣東，其族人侯五郎再移居上水一帶。及至明代，侯氏後人見上水河上鄉一帶鄰近河道，有利灌溉，故決定在此定居，建立村莊。

名門大族，輾轉南遷

另一個顯赫家族是廖氏，他們在元朝末年從福建南遷，到上水一帶定居，其子弟在科舉考試中成績優異，名重一時。廖氏祠堂萬

石堂，就掛上不少記錄廖氏子弟功名的橫匾。彭氏在北宋時從江西遷入廣東，南宋末年輾轉定居於粉嶺。文氏家族是五大家族中較遲來到新界的，他們是歷史名人文天祥的族人。南宋末年，蒙古大軍入侵，文天祥堂弟文天瑞為逃避戰禍，南遷廣東一帶。元末明初之際，文氏再南下屯門，一些族人又遷往大埔泰亨、元朗新田等地。

由此可見，五大家族都有一個共通點，就是因北方時局不穩，輾轉南遷，移居新界，在新界建基立業，推動區內經濟、社會和文化事業。

五大家族	各族始祖	來港時間	定居地點
鄧氏	鄧漢黻	北宋初年	元朗錦田，後分支屏山、粉嶺等。
侯氏	侯五郎	北宋中葉	上水一帶，之後到河上鄉。
彭氏	彭桂公	南宋末年	粉嶺一帶
廖氏	廖仲傑	元朝末年	上水一帶
文氏	文孟常	元末明初	初居屯門，後到元朗新田、大埔泰亨。

鄧族在錦田所建的長春園，是訓練武科人才的學堂。

鄧族在錦田修建的學府二帝書院

彭氏在粉嶺所建圍村今貌

廖氏上水圍村今貌

文氏在新田所建的麟峯文公祠

歷史知識知多點

誰是古代香港居民？

香港在六千年前的新石器時代已有人居住，主要是過著漁獵生活的古越族人。到了秦漢時期，香港被列入國家版圖，來自中原的官員、士兵、商人等南下，成為香港的居民。

宋元期間，大量移民來港，後世稱為「本地人」，當中以新界五大家族為首。清朝初年，政府鼓勵內陸客籍人到香港墾荒，是為「客家人」，加上自古以來居於海上的「水上人」，以及祖籍閩南、從潮汕一帶後移居香港的「鶴佬人」（或稱福佬人），合稱香港四大主要族群。

藏在身邊的史事

與五大氏族有關的地名

　　新界五大氏族在香港已有很長歷史，故不少地方的命名都與他們有關。

　　第一，錦田昔日稱為岑田。明朝萬曆年間，新安縣發生旱災，知縣邱體乾到各地募捐賑災，元朗岑田水尾村的鄧元勳，慷慨解囊，捐出一千石米糧（約十二萬斤）。邱體乾稱讚岑田處處膏腴良田，民豐物阜，屬錦繡之鄉，故改稱錦田。

　　第二，上水之得名則與廖氏有關。廖氏為團結族人，合力鑿池（即護城河）築城，建成「圍內村」（今上水鄉老圍），聚族而居。因該村立於梧桐河之上，族人便稱其為「上水鄉」，久而久之「上水」便成了附近地區的統稱。

11

細說鄧氏

　　早在英國人侵佔香港以前，本港已有不少人聚居，人稱之為「原居民」。這批原居民大多在宋元時期，從北方輾轉南遷到香港的新界定居，其中最著名的當然是五大氏族之一的鄧氏。

屏山鄧氏宗祠

北宋時來港定居

根據鄧氏族譜記載，鄧族原居江西省吉水縣。北宋開寶六年（973年），先祖鄧漢黻任官期間，曾遊歷錦田，見此地民風淳樸，決定遷居於此。他的四世孫鄧符協考取進士，獲授廣東陽

屏山的覲廷書室

春縣令，其間曾遊歷屯門，在青山之上臨摹唐代大文豪韓愈之手筆，留下「高山弟一」石刻。他又創建了本港歷史上第一所學舍，即錦田的力瀛書院。正因鄧族致力推動教育事業，故子弟在科舉中屢獲佳績，當中鄧文蔚更是第一位在清初高中進士的香港人。

鄧族的皇室血脈

南宋初年，金兵南侵，鄧族後人鄧元亮時任地方縣令，起兵勤王。戰亂期間，他拯救了一名趙氏孤女，後把她許配給兒子鄧自明，其後始知這位女子正是南宋高宗的公主。戰事稍定後，鄧自明已經過世，公主命長子鄧林上書面見光宗。光宗得知此事後，認為她與父親孝宗同輩，尊稱為皇姑，追封其夫為「稅院郡馬」，四個兒子均封「國舍」，並賜良田及產業。

開枝散葉，散居新界各地

此後鄧族子孫繁衍，長子鄧林的後人遷居粉嶺龍躍頭，次子鄧杞後人居東莞等地，三子鄧槐後人分遷大埔，創建了大埔頭村，幼子鄧梓後人則留居錦田。居於錦田的鄧族開枝散葉，人丁興旺，興建了南圍和北圍；及至明代，又建立了吉慶、康泰和永隆三條圍村，形成著名的五大圍。

至於鄧元亮的兄長鄧元禎，其子鄧從光在南宋年間遷居屏山，是為屏山鄧氏始祖。話說鄧從光禮聘風水名師到各地考察，尋求遷居福地。某次來到屏山農家投宿，夜間忽然聽到後山傳來鹿鳴之聲，風水師指古人考試中舉，必大擺筵席，名叫「鹿鳴宴」，故此處為風水福地，可護祐子孫成為達官貴人。於是，鄧氏在此建基立業，建立坑頭、坑尾、灰沙圍、上璋圍等三圍六村；又興修祠堂和廟宇，留下大量珍貴古蹟，均已被政府列入屏山文物徑。

歷史知識知多點
圍村

很多新界區原居民都住在圍村之內，究竟甚麼是圍村呢？圍村指用高大石牆圍繞的傳統村落，所以英語稱為「Walled Villages」。圍村常見於廣東南部，事緣明清時期海寇為患，不同村落之間的械鬥亦時有發生，居民為求自保，便在村落外圍興建石牆。

圍村的牆基通常用堅固的大麻石堆砌，牆身用青磚砌成，並設有槍孔，一些圍村的四角更設有炮樓，四周挖掘護城壕溝。有學者調查了新界逾 130 條村落，當中以「圍」命名的多達 70 條，保留圍牆的有 50 處。

鄧氏在龍躍頭所建的觀龍圍門樓及圍牆

🔍 藏在身邊的史事 🔍

屏山文物徑

元朗鄧氏的屏山文物徑位於元朗坑頭村、坑尾村和上璋圍，長約一公里，是香港第一條文物徑，主要古蹟如下：

古蹟	歷史和建築特色
鄧氏宗祠	相傳在明嘉靖三十九年（1560 年）建成，是三進兩院式的建築，規模宏偉，是香港同類型建築的典範。
愈喬二公祠	毗鄰鄧氏宗祠，同為三進兩院式建築，祠堂正殿在 1931 至 1961 年間曾用作達德學校校址，見證本港公立學校發展史。
聚星樓	又叫「屏山文閣」和「魁星塔」，矗立於屏山上璋圍西北角，塔樓高三層，相傳建於清代初年，也有人說是明代的建築。
覲廷書室	清同治九年（1870 年）落成，為紀念族人鄧覲廷而建。書室聘請名師在此講學，培養族中子弟，是新界著名的書院之一。
洪聖宮	位於坑尾村，於清乾隆三十二年（1767 年）由屏山鄧族所建。「洪聖」是古人崇拜的水神，廣受漁民信奉。

12
細説廖氏

在新界五大氏族之中，廖氏較遲遷入新界。廖氏的始祖在唐末黃巢之亂時，因逃避戰禍，由江西移居福建。元朝末年，戰事再起，廖仲傑率領族人遷入屯門，再遷福田，最終定居上水。上水區內有梧桐河及其支流雙魚河，水源充足，適宜耕種，故廖氏選擇此地為安居之所，實在最好不過。

上水廖萬石堂

定居上水，建基立業

廖氏雖然安居上水一帶，但族人散居區內不同地方，不利宗族的團結和發展。明朝萬曆年間，廖族第七代先祖廖南沙對風水之學素有研究，乃追尋風水龍脈，選擇了一個地形像「鳳」的地方供族人聚居，讓本來散居梧桐河及雙魚河兩岸的族人可互相照應，團結互助。此地人稱之為圍內村，即今日上水鄉的老圍。因該村位處梧桐河之上，故族人稱自己居住之地為「上水鄉」，「上水」之名自此不脛而走。

建立圍村，聚族而居

圍內村最初並無圍牆。清朝初年，抗清義軍戰敗後，不少淪為盜匪，香港一帶治安欠佳；村落之間，為爭奪田地和水源而發生的械鬥，亦常有出現。有鑑於此，清順治三年（1646 年），廖氏開始修築圍牆和護城河，正門更安裝連環鐵門，可說是結構嚴謹，防衛森嚴。其後，廖族人口增加，陸續在城牆外增建村落，故現時共有門口村、莆上村、大元村等九條村落。

廖萬石堂，功名顯赫

廖氏十分重視教育，子弟也屢獲功名，勢力最為顯赫，這一點可從他們所建的「廖萬石堂」加以印證。廖萬石堂始建於雍正初

年，是廖族的祠堂，屬傳統三進兩院式建築：第一進是前廳或門廳，多用來擺放雜物；第二進稱為過廳或中廳，是族人議事、宴會之地；最後一進的廳堂是供奉祖先靈位的地方。這座宗祠裝飾華麗，極具觀賞價值，牆上掛滿廖族取得的功名牌匾，不愧為新界的名門望族。

廖萬石堂內牆上掛滿廖族取得的功名牌匾

廖萬石堂內的橫匾

歷史知識知多點

中國歷史上的移民潮

中華文明發源於黃河流域，昔日中原人口也遠多於南方，但之後因戰亂和經濟發展等因素，產生多次人口大遷徙，規模較大的有以下三次：

魏晉南北朝	西晉亡國後，北方受胡人入侵，全國一片混亂，大量中原人南遷，是第一次大規模的人口南移。
唐朝中後期	先有安史之亂發生，後有民變黃巢之亂，是中原人南遷的第二個高潮。安史之亂以後，南方人口超過北方。
兩宋時期	北宋受女真人入侵，是為靖康之難；南宋又遭蒙古大軍南侵而亡國，大量人口先從黃河流域遷到長江流域，再從長江流域遷到珠江流域。

🔍 藏在身邊的史事 🔍

新界墟市的建立

相信很多人都聽過新界北區有上水石湖墟、粉嶺聯和墟、大埔新墟和舊墟。原來這些墟市都與新界五大氏族有莫大關係，足見他們對新界經濟發展的貢獻。

上水石湖墟	原名是天岡墟（今上水一帶），在清代由上水廖氏、粉嶺侯氏和龍躍頭鄧氏聯手創辦。
大埔新墟和舊墟	位於汀角道的大埔舊墟由鄧氏建立。大埔新墟則位於舊大埔火車站附近的富善街，由文氏帶領其他鄉村合辦。
粉嶺聯和墟	發起人中有粉嶺彭氏和大埔鄧氏等

粉嶺聯和墟，
當中設有街市。

13
細說彭氏

北宋以後，不少人民為逃避戰亂，由北向南遷徙，一些更搬到香港各地定居，如本文要介紹的粉嶺彭氏。

彭氏宗祠

因戰亂南下的彭氏一族

彭氏一族源遠流長，遠祖為商代諸侯，受封為大彭國，後因勢力日大而被商所滅，族人輾轉分散於陝西和甘肅南部等地。因此，據粉嶺彭氏族譜記載，其先祖原居甘肅，因逃避唐代安史之亂，輾轉遷居江西。北宋年間，族人彭延年擔任潮州知事一職，退休後隱居於潮州，在此建基立業。時至今日，每年散居粵港及各地的彭氏後人，都會回潮州祭祖，以示慎終追遠。

南宋年間來港定居

北宋末年，金兵大舉南侵，彭延年的六個兒子為逃避戰禍，分別遷到各地，其第五子搬到廣東東莞。南宋年間，居於東莞的彭桂，率領妻兒遷到香港新界，最初居往在龍山（今日粉嶺龍躍頭一帶），以務農為生。之後勢力較大的鄧氏從東莞遷入開村，土地漸被佔去，彭氏便搬到粉嶺樓村，建屋定居，以耕種養牧維持生計。彭桂也成為了粉嶺彭氏的開基祖先、粉嶺區的拓荒者。

據說彭桂及其子所葬的墓穴位處「田螺帶仔」的風水寶地（位於今日粉嶺皇后山軍營內），可以令子孫興旺，安居樂業。果然，彭氏此後人丁興旺，在粉嶺建立了多條村落，包括有北邊村（今北圍）、南邊村（今南圍）、圍內村（今正圍）等，並留下大量古蹟和文物，如思德書室、三聖宮及彭氏宗祠等。

清代修建彭氏宗祠

彭氏宗祠最初建於明朝萬曆初年，至清朝道光二十六年（1846年），國學生彭步進見祠堂日久失修，便倡議另覓風水佳地，將宗祠移建至北邊村現址。祠堂屬兩進式建築，中間有兩個大廳、數個廂房和一個庭園。正廳設有一座壁龕，上下共分七層，供奉始祖彭桂以下歷代祖先的神位。正廳右側設烈士靈牌，以紀念為宗族犧牲和有貢獻的人。每年農曆二月初二，村民會進行祭祀，以報答祖先，足見中國人以孝為先、崇德報恩的優良傳統。

彭氏取得功名的族人雖不及鄧氏和文氏多，但也有不少社會賢達和有識之士，造福鄉里，參與新界建設，故英國人將他們列為新界五大氏族之一。

歷史知識知多點
甚麼是三進式建築和兩進式建築？

本文提到彭氏宗祠是兩進式建築，有別於鄧氏宗祠的三進式建築，究竟甚麼是「進」呢？「進」指建築物的廳堂，三進指建築物有三個廳堂，第一進叫前廳或門廳，多用來擺放雜物；第二進稱為過廳或中廳，是族人議事、宴會之地；最後一進是正廳，用來供奉祖先。兩進式就是只有前廳和正廳。

按古時法律，祠堂的規模須按功名來分等級，官至三品者可建五進，四至七品可建三進，八至九品可建兩進，無功名者只可在家中建一神閣供奉祖先。因此，「進」是身份和地位的象徵，即使是富有人家，也不可違規僭建。

🔍 藏在身邊的史事 🔍

粉嶺的命名

粉嶺古名「鴉鵲塱」，後來改稱「粉壁嶺」。話說區內有一座靈山（即今上水華山），相傳該山有靈，故彭氏與鄰近鄉民常於天旱時帶備祭品，到山上的石壁前祈雨。鄉眾發現石壁，泥土顏色雪白，有如粉狀，於是便叫這座山為「粉壁嶺」，位於附近的村落也被命名為粉壁嶺村。久而久之，粉壁嶺簡化為粉嶺，再演變為該區的總稱。

彭氏所建的粉嶺圍

粉嶺圍的正門至今仍然被保留，門樓上有槍孔，正門裝上連環鐵門。

14
細說文氏

香港雖處於我國邊陲地區，但與內地有密不可分的關係。以五大氏族之一的文氏為例，誰會想到他們是歷史名人文天祥的族人呢？

新田文族大夫第

文天祥被俘路過香港

南宋末年，蒙古人入侵南宋，文天祥組織義軍抵抗，與張世傑、陸秀夫，合稱為「宋亡三傑」。張、陸二人擁立宋帝趙昺，且戰且退，其間曾駐紮在香港的九龍灣一帶；文天祥則帶兵駐守潮州。不久，元將張弘範進攻潮州，文天祥兵敗，於廣東海豐的五坡嶺被俘。寧死不降的文天祥，終被處死，成為傳誦千古的民族英雄。文天祥被俘期間，曾被蒙古人挾持到九龍官富場（今九龍灣一帶），又曾路經香港以南的伶仃洋，寫下了〈過伶仃洋〉一詩，留下千古傳誦的名句：「人生自古誰無死，留取丹心照汗青。」

文氏子孫遷居香港

當時，不少漢人南下逃避戰禍，移居廣東一帶，其中包括文天祥的族人。根據文氏族譜記載，文氏先祖為漢末成都守將，原居四川省，到五代十國時遷居至江西。文天祥兵敗以後，他的堂弟文天瑞，南遷到廣東寶安避禍。元末明初時，戰亂再起，文天瑞後人文孟常搬遷到屯門老虎坑。明朝永樂年間，部分族人搬到元朗新田，開村立業，此後文氏子孫繁衍，建立多條村落。文氏在新田留下的古

文氏顯要文頌鑾的畫像

蹟多不勝數。文氏顯要文頌鑾樂善好施，獲清朝賜封大夫之銜。他在同治四年（1865年）建成的「大夫第」，被譽為本港最華麗的古蹟之一。

建設新界，造福鄉里

另外，明朝初年，另一批文氏子孫由文蔭帶領，先居於屏山，後遷往大埔墟西南面建村，經營窰場，生產青花瓷器，人稱碗窰村。其後，文氏一族開枝散葉，土地漸不夠用，部分族人又遷往大埔墟以北的泰坑（又稱泰亨），數百年間留下的古蹟為數不少，如善慶書室、藝浣堂、文帝古廟等。

太和市，即大埔新墟，是泰亨文氏領導大埔七約建立的墟市。

作為地方大族，新田和泰坑兩地的文氏族人，皆有參與1899年的抗英之役，而且經濟實力雄厚，名下土地甚多，故被列為新界五大氏族。

文氏參與興辦的
大埔新墟（又稱
太和市）

歷史知識知多點

英勇不屈的文天祥

　　文天祥 20 歲高中進士，由皇上親自選為狀元，主考大臣讚許他「忠心肝膽有如鐵石」。元兵入侵後，文天祥退守潮州一帶，因奸細洩漏行軍路線，兵敗如山倒，服毒自殺未遂，被元軍俘虜。元軍把文天祥扣押在戰船上，希望利用他來向宋軍招降，但文天祥寧死不屈，寫下〈過伶仃洋〉一詩以明志向。其後，文天祥被押送到元朝大都，經歷三年牢獄之災。有一日，忽必烈親自勸降，還以丞相一職利誘，文天祥回答「但願一死」。忽必烈氣上心頭，於是下令處斬。行刑前，文天祥向監斬官員問清方向，向著南方拜了幾拜，之後從容就義，終年 47 歲。

🔍 藏在身邊的史事 🔍

與抗元戰爭有關的香港地方

　　話說南宋末年，元軍大舉侵略，年幼的益王和衛王先後被擁立為帝，一度逃難至九龍。除宋王臺外，香港不少的地名，據說都跟這段史事有關。

地名	典故
落馬洲	宋帝曾在落馬洲附近停駐，前來覲見的臣民要按禮儀下馬叩頭，故此地稱為「落馬洲」。
曹公潭	宋室君臣曾到荃灣避難。據說途經曹公潭時，一名曹姓大臣不慎跌入水潭中溺斃，後人將此地稱為曹公潭。
城門村	宋室君臣避居荃灣後，元兵進襲，據說當時有村民護駕，於今日城門村（今城門水塘附近）修築石城，對抗元兵。

15

細説侯氏

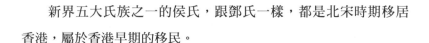

新界五大氏族之一的侯氏，跟鄧氏一樣，都是北宋時期移居香港，屬於香港早期的移民。

居石侯公祠

北宋時期來港定居

侯氏祖籍河北省，先祖在漢朝位居朝中要職，出身書香世家。族人在北宋時南遷到廣東，分別居於番禺、中山、南海等地。番禺侯氏的侯五郎，學有所成，高中進士，舉家搬遷至新界上水區，跟鄧族同是在北宋來港的內地移民。侯五郎的十一世後人侯卓峰，在明朝初年發現河上鄉鄰近河道，有利灌溉農地，決定遷居於此。傳說侯氏未到河上鄉前，當地已有其他姓氏的村民在此定居，但他們有人偷去官府的金銅鼓，並藏於井中；官兵遍尋不獲，大肆屠殺村民，最終只有部分村民倖存。侯氏到河水鄉後，跟那些劫後餘生的居民，和睦共處，一起在此安居樂業。

新界五大氏族之一

據說河上鄉以其地形命名，此地背山面河，鄉村則建於河道之上，故名「河上鄉」。侯卓峰有六個兒子，在河上鄉建基立業後，部分族人遷居金錢、燕崗、鳳崗等村落，開枝散葉。侯氏為上水的大族，子弟屢次在科舉高中，德高望重，為區內鄉民之領導，又曾建立隔圳墟和天岡墟兩個墟市，造福鄉里。1899 年，英軍接收新界時，侯氏聯合新界其他鄉民反抗，被英國人列為五大氏族之一。

侯氏有份參與創辦之
石湖墟今貌

古蹟見證家族發展

　　侯氏遷居上水後，留下的古蹟為數不少，如金錢村的味峰侯
公祠、河上鄉的居石侯公祠，都是見證新界侯氏發展史的建築。
味峰侯公祠建於清代中葉，由族中舉人侯倬雲所建，以紀念曾祖父
侯味峰。至於已被列為法定古蹟的「居石侯公祠」，大約建於清朝
乾隆年間，以紀念明代十七世祖侯居石。祠內最具歷史價值的文
物，是懸掛在正門的清乾隆二十七年（1762年）牌匾。

歷史知識知多點

河流與人類文明共生

不難發現，新界五大氏族聚居的地方，很多都鄰近河流，如侯氏的河上鄉就建於河道之上，廖氏居於上水梧桐河流域，元朗和大埔鄧氏定居之處就分別有錦田河和林村河。環顧四大文明古國（古埃及、古巴比倫、古印度、古中國），都是發源於河流附近，即尼羅河流域、兩河流域、印度河流域、黃河流域。

事實上，河流提供水源，以供飲用或灌溉；河流附近的土地亦較肥沃，有利耕種；居於河流旁邊，可以發展漁業，又可以利用河流運輸物資，方便居民往來。因此，河流與人類歷史發展結下了不解之緣。

🔍 藏在身邊的史事 🔍

像韓劇般淒美的愛情故事

古人重視禮教，貞節觀念盛行，凡保持貞節（指「不改嫁」或「不失身」）的女性，皆獲表揚。要數當中表表者，不得不提上水廖重山的侯氏妻子。明朝末年，香港地區海盜為患，廖重山出海時被賊人何亞八擄獲，妻子侯氏竟隻身前往海盜巢穴，要代替丈夫為人質，讓他回家籌措贖金。臨別之時，侯氏拔下頭髮，剪下指甲，交給丈夫留念，暗中叮囑丈夫須打聽自己消息才交贖金。待丈夫獲釋後，侯氏即跳海而死，以存節義。這一段事蹟記載於《新安縣志》中，廖氏族人也建立了一座貞節牌，表揚侯氏捨命救夫的行為。

16

南宋皇帝落難地

南宋末年，元軍大舉侵略，首都臨安失守，恭帝被俘後，跟一眾宗室和大臣一起被押往大都（今日北京）。他兩個年幼的弟弟先後被擁立為帝，逃難到九龍，是香港歷史上唯一一次有天子駕到。

宋帝逃難意想圖

天子駕臨九龍灣

自古以來，香港一帶盛產海鹽，為國家帶來穩定財源，宋代時也不例外。因此，南宋政府為防人民私自生產和販賣，於九龍東部設置官署專門管理，名叫「官富場」，且駐有軍隊，所以宋帝逃亡時，就選擇了官富場為落腳點。

當時，宋朝大臣先擁立年僅十歲的趙昰為帝（宋端宗），從福建退至廣東，再輾轉逃亡到梅蔚（今大嶼山梅窩）。據說，他們曾到過屯門龍鼓灘，不久又進駐九龍城官富場，建立流亡政府。

傳說宋帝的行宮就在今日九龍城宋皇臺道北端的地方。宋帝駕臨之日，土瓜灣村民紛紛出來迎接，故獲賜一把黃羅傘。不久，端宗患病去世，只有八歲的趙昺繼位（宋少帝或宋帝昺）。話說君臣居港期間，宋端宗和宋帝昺都常在九龍灣一小山崗上逗留，眺望遠方，盼望各地勤王部隊前來。

宋帝遺跡宋王臺

可惜援軍未至，蒙古大軍已南下追擊，君臣被迫轉移至淺灣（今荃灣）。之後，文天祥兵敗被俘，宋軍連遭挫敗，退守在崖山（今廣東新會以南），被重重包圍。大臣陸秀夫為免君臣被俘受辱，與宋帝昺一同投海自盡。消息傳到了其他船隻，數以萬計的軍民紛紛跳海自殺殉國，寫下歷史上悲壯的一頁。後人為了紀念宋帝來港事蹟，在九龍城小山崗上留下「宋王臺」石刻，是為今日宋王臺的由來。

1955 年 12 月 9 日《工商日報》有關保留宋王臺巨石的報道

歷史知識知多點

香港的製鹽業

　　漁農業、製鹽、採珍珠、香木業等都是古時香港的經濟活動，當中以煮製海鹽的歷史最悠久。自漢武帝時實施鹽鐵官方專營後，本港鹽場已由番禺縣的鹽官管理。到了宋代，朝廷在九龍灣西北岸設「官富場」，管理製鹽事務，並派 300 名士兵駐守，屬當時廣東 13 個鹽場之一。

　　南宋咸淳十年（1274 年），官富場鹽官嚴益彰曾到西貢大廟灣遊覽，並刻石留念，留下香港鹽業發展的重要古蹟。踏入清末，香港鹽業日漸式微，最終被時代淘汰，至今只留下大埔鹽田仔、青衣鹽田角、西貢鹽田梓等地名，作為這段歷史的見證。

🔍 藏在身邊的史事 🔍

宋王臺公園

宋王臺石刻今已切割為長方形，保存於宋王臺公園內。

　　「宋王臺」三字原本刻在小山崗的一塊大石之上，屬著名古蹟，是昔日市民登高出遊的熱點。1898 年，立法局議員何啟得知港府有意發展該地段，建議立例保護宋王臺古蹟。1915 年，發展宋王臺的聲音再現，商人李瑞琴決定出資，把此地開闢為公園，加以保護。可惜日佔時期，日軍以擴建機場為由，把小山夷為平地；幸好刻上「宋王臺」的大石雖然　分為二，但「宋王臺」三字卻完好無缺。戰後 1959 年，宋王臺公園建成，殘留宋王臺三字的石刻移放於此。

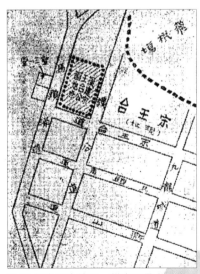

1955 年宋王臺地圖，從中可見宋王臺巨石坐落的小山就在今日宋王臺公園旁邊。

17 九龍城侯王廟

香港很多地方都有「楊侯官」或「侯王廟」，相傳廟宇供奉的就是南宋忠臣楊亮節。為甚麼朝廷重臣會南下香港呢？這當然與上一篇提到的宋帝逃難至香港一事有關。

侯王形象

宋末忠臣楊亮節

南宋末年，蒙古軍隊大舉南侵，攻陷南宋首都臨安，俘虜了恭帝，恭帝的弟弟益王被南宋的遺臣和皇親國戚擁立，史稱宋端宗。宋端宗的親生母親是楊淑妃，她的弟弟楊亮節身為國舅，與文天祥、陸秀夫、張世傑等大臣協力對抗元軍，跟從宋端宗左右，置生死於度外，曾帶著年幼的宋端宗和宋帝昺，徒步躲進山中，凡七日七夜，堪稱一代忠臣。

設廟供奉存忠義

當時，蒙古大軍窮追猛打，南宋君臣且戰且走，從福建退至廣東後，移駐大嶼山的梅窩，再進駐九龍城，建立行宮，在此留下不少歷史遺跡，如著名的九龍城「宋王臺」和古瑾圍的上帝古廟。至於「侯王廟」，據說正是本地居民為紀念忠肝義膽的楊亮節而建立。傳說楊亮節逃到九龍期間，積勞成疾，不幸病死。由於楊亮節位高權重，生前已封為侯，死後更封為王，所以供奉他的廟宇便名為侯王廟。

侯王傳說是真是假？

全香港與「侯王」有關的廟宇至少找到 19 間，其中最著名的是九龍城侯王古廟。然而，一些歷史學者對侯王即楊亮節這說法有所懷疑。有人說南宋君臣的船隊退到金門時，楊亮節離船上岸辦

事，在兵荒馬亂之際，未能與大軍會合，便留在金門，最後鬱鬱而終，並未抵港；學者還找到了他的墳墓及後人為證，言之鑿鑿。如果此說屬實，那麼「侯王廟」的侯王就另有其人。

其實，香港坊間還有另一個傳說。根據土瓜灣一帶流傳的故事，「侯王」其實是一位曾經替宋帝昺醫病的村民「楊二伯公」。宋帝昺病癒後，眾人尋訪這位老者，只找到一個「楊二伯公」的墓地，當地人認為是「楊侯」顯靈，此後便立廟供奉。

「侯王」的真身是誰，至今未有定論，但從侯王廟紀念楊亮節的說法在香港等地廣泛流傳數百年可見，忠義之士自古以來均受人敬仰，南宋君臣在香港深得民心，也是不容置疑的。

歷史知識知多點

中國宗教信仰

中國宗教信仰的其中一個特色，是崇拜生前有德行或對社會有貢獻的人，也體現了生前是人、死後升格為天神的「天人合一」思想。本文提及的「侯王廟」供奉忠臣楊亮節就是最好例子，現列出其他例子如下：

廟宇	供奉之人	對國家和社會貢獻
關帝廟（深水埗）	三國時期蜀國名將關羽	戰功彪炳，協助劉備，忠肝義膽。

包公廟（灣仔）	北宋大臣包拯，任開封知府。	公正廉明，鐵面無私，斷案如神。
魯班廟（堅尼地城）	春秋時期的工匠魯班	技術高超，發明工具，是工匠祖師。
車公廟（沙田）	南宋將軍，名字已不可考。	平定江南賊寇，元軍入侵時護駕南逃。

🔍 藏在身邊的史事 🔍

沙中線土瓜灣站考古發現

按史書記載，宋代時的九龍城不但有宋朝官兵，也有不少百姓聚居，形成村落，其中包括二王殿村、古瑾圍（後併入馬頭圍村）等，但這些文字記載都沒有考古發掘和古代遺物為證。

宋皇臺站內展出沙中線工程期間發現的宋元文物。

直到 2014 年，港鐵沙中線土瓜灣站地盤發現了一個結構良好的宋代古井，同時掘出二百多個遺跡及數千件文物，當中包括宋元時期房屋的基座、宋元的錢幣及陶罐等，是繼李鄭屋漢墓後的重大考古發現。

為了讓社會大眾了解發掘成果，宋皇臺站內特別展出這批文物，介紹宋元時期的香港，以及宋皇臺站周邊地方的歷史變遷。

18

中葡大戰在屯門
——香港史上第一場中外大戰

　　屯門曾幾何時被外敵侵佔？屯門曾經爆發中外大戰？正是。明朝中葉的屯門是中國與西方國家首次作戰的戰場。不過，入侵者不是法國人或英國人，而是葡萄牙人（當時稱為佛朗機人，佛朗機人為明朝時對於來自歐洲的外國人的通稱，尤指西班牙人和葡萄牙人）。

明朝水師擊敗葡萄牙人意想圖

明朝中葉來華的葡萄牙人

隨著新航道的發現，歐洲國家以發展商業、尋求海外市場為名，對非洲和亞洲地區採取海盜式的殖民擴張。葡萄牙是當時世界上最強大的海上勢力之一，不斷對外發動侵略，兵臨東南亞後，先佔領馬來西亞半島的馬六甲，作為其交通的中轉站，然後企圖在廣東沿海擴展勢力。1493 年（明孝宗弘治六年），史書已記載不少「番夷」侵擾東莞一帶（今深圳及香港沿海），明朝守軍曾多次遇襲，沿海居民及往來船隻常受侵擾，估計這些正是葡萄牙人所為。

登陸屯門，騷擾葵青

1513 年（明武宗正德八年），葡萄牙人到達珠江口一帶，要求登陸及通商被拒，於是率領船隊，強行登陸屯門和大嶼山一帶，設立據點，安營紮寨，修築防衛工事，更豎立石碑，以示佔領。得手之後，葡人進一步擴展勢力，再佔葵涌海澳（即今青衣島、葵涌一帶），在各地燒殺搶掠，百姓苦不堪言，唯有紛紛逃亡。1517 年（明武宗正德十二年），葡萄牙印度總督派遣船長費爾南‧安德拉德（Fernão Pires de Andrade）率船四艘，攜同國書和禮物進入廣州，以進貢為名，請求通商，結果失敗。船隊退返屯門後，葡國等使團再通過賄賂，北上南京、北京，希望會見明武宗，但不成功。

明末清初的葵涌已有不少村落。圖為葵涌邨的天后宮，建於清嘉慶元年（1796 年），廟宇原本位於海邊的低窪地帶。

葡萄牙人曾侵佔葵涌海澳，即今青衣島、葵涌一帶，圖為今日青衣與葵涌之間的海面。

敗於明軍，知難而退

武宗死後，繼位的明世宗得知葡人侵佔馬六甲一事，了解到他們在香港沿海的種種惡行，便下令盡快驅逐，不准他們再次踏足國境。面對不肯輕易就範的葡人，負責此事的廣東海道副使汪鋐先做好軍事部署，加強了各地防守，招募民兵，再收集戰船及漁船備用，並向各地鄉民收集敵方情報。準備妥當後，汪鋐出兵驅趕拒絕離開的葡人，但遇到激烈抵抗。汪鋐身先士卒，領軍猛攻葡人船隊，但葡人船艦龐大，配備射程遠達三百米的大炮，火力強橫，明軍終不敵而回。

首戰失利後，汪鋐派人暗中聯絡為葡人船隊工作的中國水手，勸其不要再助紂為虐。他們深明大義，決心為國效力，不但提供葡人船隻的情報，還教授明軍製作西方槍炮的技術。針對葡艦大而難動的弱點，明軍準備大量載滿柴草和油料的小船，在翻起大南風的一天，乘風縱火，以火船迅速撲向葡人停泊在大嶼山茜草灣的船隊，葡人船隻紛紛著火。此時，明軍又派人潛入水中，將其他葡國船隻鑿穿，令葡人亂作一團。明軍戰船隨後趕至，把葡人打得落荒而逃，取得大捷。

戰事結束後，屯門一帶再沒有葡人侵擾，西方殖民侵略者知難而退，轉而於澳門尋求立足點。今日的屯門已發展成人煙稠密的新市鎮，置身其中者又怎會想到此地曾經受過葡萄牙人的侵略呢？

歷史知識知多點

屯門與青山

青山是屯門地區最高山峰，故英國向清政府租借新界後，一直以「青山」來命名屯門整個地區。直至 1973 年，港英政府才宣佈以「屯門」取代「青山」，成為新市鎮名稱。至於「青山」的英文名，英國人將它叫作「Castle Peak」，意思為一座堡壘山，據說是因為青山山頂高聳入雲，遠望有如一座城堡建於山頂之上。

🔍 藏在身邊的史事 🔍

葡萄牙人在澳門

葡萄牙人佔據屯門失敗、被逐出廣東後，轉向福建和浙江沿海尋求機會。在明朝海禁的法令下，他們從事走私貿易，有時更勾結倭寇，身兼商人和海盜。

後來，明朝平定倭寇，重開朝貢貿易，葡人又回到廣東沿海活動。他們放棄武力侵略之策，改為採取賄賂與討好中國官員的方法，於 1554 年起獲准進入澳門貿易，並在當地泊船建屋，是為日後佔據澳門的先聲。

19
大澳「番鬼塘」
——清初荷蘭人在華的暫居地

今日大澳南面有一個名叫「番鬼塘」的地方，至今官方地圖上仍然使用這地名。廣東人慣用「番鬼」一詞稱呼外國人，到清代更專指「西洋人」。究竟大澳這地方與「番鬼」有甚麼關係呢？

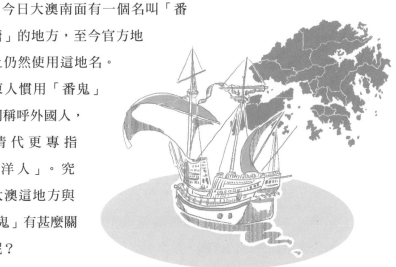

大航海時代，曾有不少西洋人到訪過香港。

殖民主義東來亞洲

從十五世紀開始，人類進入大航海時代，葡萄牙為首的歐洲諸國相繼航海東來，向亞洲擴張，掠奪殖民地。他們到達印度、東南亞等地後，中國就成為了下一個目標。當時，葡萄牙、西班牙、荷蘭等國，以發展貿易為由，多次與中國官方進行交涉，又侵佔沿海的一些地區，多次與明朝軍隊交戰，但都失敗而回。

西方船隊停泊屯門、大澳

大嶼山和屯門一帶接近珠江口，可作為船艦補給和避風之所，進入了歐洲人的視野。當時，廣州是中國對外通商的主要口岸，外國商船在

《粵大記·廣東沿海圖》記載了大澳的名字（圖右頁中央）

離開廣州、駛出珠江後，多會在此停泊，稍作補給，等待季風來臨。這情況在不少來華外國人的回憶錄和航海筆記中都有所記述。

至於大嶼山西部的大澳，是歷史悠久的古老漁村。在一千年前的宋朝，大澳的鹽業生產已有一定規模，漁業更是發達，聚居者眾。明萬曆年間編成的《粵大記·廣東沿海圖》也記載了大澳的名字。此外，大澳有從鳳凰山流下的溪水，淡水供應充足，故吸引了

外國船艦在此停留，補充物資和糧食。

葡人之後，西班牙人佔據大澳

明朝中葉，葡萄牙人曾佔領屯門及大澳一帶，被明軍擊退後，才轉移佔據澳門。西班牙人第一次到達中國，也是在大澳的番鬼塘登陸，取水修船。之後荷蘭人亦經常在此停留，甚至上岸修建寮屋，佔據此地。至清朝初年，荷蘭人協助清兵打擊據守東南沿海的鄭成功，清政府唯有採取懷柔政策，暫不處理他們佔據大澳一事。正因這地方曾經有外國人駐留，鄉民就稱它為「番鬼塘」。

及後，鄭成功打敗荷蘭人，收復台灣。荷蘭人實力大不如前，故與葡萄牙人取得協議，在澳門建立商館，最終離開大澳。據說早年的大澳還有他們遺留的荒廢堡壘，作為「番鬼塘」這名稱的歷史見證。

今日大澳水鄉的棚屋

歷史知識知多點

大航海時代

從十五世紀末起，歐洲船隊到處尋找新貿易路線，哥倫布（Christopher Columbus）發現了美洲新大陸，葡萄牙航海家迪亞士（Bartolomeu Dias）則發現非洲南端的好望角，打通進入印度洋的航道。此後，非洲、印度、東南亞、美洲被歐洲列強侵佔，紛紛淪為其殖民地。明末清初，歐洲列強對中國的侵略情況大致如下：

國家	對中國的侵略
葡萄牙	曾佔據屯門，敗走後在寧波一帶走私搶掠，於 1554 年以後獲准進入澳門經商。
西班牙	佔領馬六甲和菲律賓後，曾出兵攻打澳門，被明軍擊退後，轉而佔領台灣北部。
荷蘭	曾在澎湖建立據點，與明軍交戰後敗退；之後佔領台灣南部，再打敗西班牙人，佔據台灣全島。

🔍 藏在身邊的史事 🔍

番鬼

　　廣東位處我國南大門，自古以來都是華洋雜處之地，粵港兩地都有不少外國人和外來物品。時至今日，老一輩的廣東人會叫外國人做「番鬼佬」。當中「番」字是指「番邦」，是古人對外族或外邦的稱呼。至於「鬼」字，是因為外國人膚色黝黑或皙白，就像中國傳說中的鬼魅（如「黑白無常」），故稱呼白人為「鬼」，黑人為「黑鬼」。

　　因此，中國人會在外國傳入的事物中加入「番」字，以表示來自「番邦」，如番鬼荔枝、番石榴、番茄、番薯、番瓜等，啤酒也俗稱「番鬼佬涼茶」，而外國人曾經逗留的大澳某地，自然就稱之為「番鬼塘」。

20
清初遷界令

清兵入關以後，明朝遺臣鄭成功以台灣為反清復明基地，其水師活躍於東南沿海一帶，對清政府威脅極大。

鄭成功佔領台灣後，持續滋擾大陸東南沿岸。

針對鄭成功的清初遷界令

為杜絕沿海居民與鄭氏聯繫，清朝多次頒佈海禁令，不許任何船隻入海。順治十八年（1661 年），清朝再頒佈遷界令，規定沿海五十里內的居民必須內徙，以斷絕百姓與鄭氏的聯繫及接濟。為落實禁令，清兵沿界線修築石牆、豎立界石，派兵看守，越界者殺無赦，界內房屋不准居住。居民收到通知後，三日之內必須遷移。廢耕土地的賦稅，由全縣其他人口平均分攤，令所有境內居民均受其害。

沿海居民流離失所

當時，港九和新界大部分的地區均在海禁範圍之內，居民被迫移居他鄉。影響所及，人口劇減，田地荒廢；沒有界內親友接濟的居民，則流離失所，老弱的死在路旁，屍體舉目皆是，民眾生活苦不堪言。另一方面，香港等沿海地區成為盜賊出沒之地，也有反清志士在九龍灣及沙田等地建立據點，失去生計者則投靠鄭成功。遷界令適得其反，顯而易見。

為民請命的周王二公

有見於此，廣東巡撫王來任決心為民請命，一方面照顧流離的百姓，一方面上奏請求廢去禁令，惜未獲准。不久，王來任因同情鄉民，執行遷界令不力，罷官回京，之後患上重病。此刻，他仍

心繫陷於苦難的百姓，在病逝前再次上書勸諫。康熙八年（1669年），康熙帝終被打動，下詔廢除海禁令，並派兩廣總督周有德負責執行，動員沿海百姓復界，香港居民得以返回原居地。

遷界後的社會變遷

不過，遷界令對香港經濟的影響至深且遠。香港本來盛產莞香，但業者被迫內徙時，要大舉砍伐香樹；香港區內的鹽田也被盡數廢棄，復界後鹽產量和品質都無復舊觀。這些傳統產業衰落後，港人改以務農及捕魚為生，社會經濟結構為之一變。另外，復界以後，一些港人已客死異鄉，一些早已定居他鄉，無意遷回，故清朝鼓勵原居廣東北部、福建及江西等省的客家人移居香港，積極開墾。客家人刻苦耐勞，在港建基立業，終成為香港原居民的一分子。

莞香

歷史知識知多點

鄭成功反清復明

　　鄭成功 20 歲時就讀於南京國子監，眼見明朝滅亡，清兵入關，便前往金門，招兵買馬，以「反清復明」為口號進行抗清活動，活躍於廣東和福建一帶，因擅長水戰，深得民心，令清兵防不勝防。他之後驅逐了佔據台灣的荷蘭人，將台灣建設成反清基地。康熙元年（1662 年），鄭成功得急病而死，年僅 39 歲。康熙二十二年（1683 年），鄭成功孫輩鄭克塽兵敗投降，結束鄭氏在台灣的統治。

🔍 藏在身邊的史事 🔍

巡撫街與周王二公書院

　　王來任和周有德愛惜百姓，前者力爭取消遷界令，後者協助居民復界，所以廣東不少地方都設祠供奉二人，以感念二人的恩德。上水石湖墟就有紀念兩位大臣的周王二公祠（1955 年遭大火焚毀），而建築所在的街道命名為「巡撫街」，所指的當然是廣東巡撫王來任。

　　此外，新界五大氏族之一的鄧氏，族人為報兩位官員之恩，也於康熙二十四年（1685 年），在錦田水頭村建成「周王二公書院」，並每十年舉行一次太平清醮，書院內稱頌他們的石碑至今仍在，作為這段歷史的見證。

紀念王來任和周有德的錦田周王二公書院

上水巡撫街為紀念周有德和王來
任而命名

今晨上水空前浩劫
大火摧燬石湖墟
全墟屋宇約百分八十被焚
延燒四小時至八時始撲滅

1966 年 9 月上水石湖墟大火，紀念
周王二公的報德祠因此焚毀。

21
大埔碗窰

中國以出產瓷器聞名天下，江西省景德鎮更是我國生產瓷器的重鎮。然而，大家又可有想過昔日大埔也是一個盛產瓷器的地方呢？

瓷器

明末大埔盛產瓷器

　　明朝末年，文氏和謝氏先後遷居大埔，生產青花瓷器，其聚居村落稱為碗窰村。文氏是文天祥堂弟文天瑞的後人，原籍江西，輾轉移居大埔泰亨及元朗新田等地，是新界五大氏族之一，他們大約於明萬曆年間開始在碗窰生產瓷器。謝氏則來自福建，估計於明崇禎年間來到碗窰，依託望族文氏，安居立業。他們都懂得燒製瓷器的技術，見此地環境合適，便建立窰場，從事瓷器生產。

　　文謝兩家之所以選擇在大埔建立碗窰，是因為此地擁有上佳的地理條件，蘊藏豐富高嶺土，可以作為製作瓷器的原料；四周林木茂盛，有足夠木柴作為燒製瓷器的燃料。況且，碗窰鄰近林村河和吐露港，水路交通便利，可使用位於大步頭（今大埔頭）的碼頭運輸製品，是一個得天獨厚的瓷器生產地。

大埔碗窰的樊仙宮，傳說樊仙是陶瓷業的保護神。

明《天工開物》記錄古人製作陶瓷的情形

文謝兩家結業，馬氏接手經營

可惜好景不常，清初實施遷界令，沿海居民被迫向內陸遷徙，文謝兩家不能倖免。後來，康熙帝准許沿海居民回歸故土，但只有文氏重返大埔。他們眼見窰場荒廢已久，就不再重操故業，其後更將窰場轉讓與馬氏，由他們重新發展碗窰。

產品質量俱佳，遠銷南洋

馬氏祖籍福建，後遷往長樂（今廣東梅州五華縣），再移居大埔。馬氏接手經營後，憑著優良技術，瓷器的質素和數量都達到頂峰。考古學家指出，碗窰在康熙晚期的製品水平，跟景德鎮瓷器相當。製品不但供應我國南方沿海地區，如深圳、江門、新會、淡水等；更遠銷東南亞各地，馬來西亞、印尼都發掘到碗窰的製品。正因此地是產瓷重鎮，故康熙和嘉慶年間編成的《新安縣志》都記載了「碗寮村」和「碗窰村」的名字。

競爭激烈，終告停業

光緒末年，碗窰雖然仍年產 40 萬件瓷器（見《一八九九至一九一二年的新界報告書》），但可能因優良土壤枯竭，或是技術失傳，製品水平已見下滑，成品較為粗陋。反之，因海路運輸技術進步，中國各地生產的高質素陶瓷（如廣東佛山石灣），以及外國以機器大規模生產的廉價瓷器，大量傾銷各地，大埔碗窰失去市場

競爭力，在 1930 年代終於停產。

　　碗窯遺址有極高歷史價值，於 1983 年被列為法定古蹟，在 1995 和 1999 年更進行了考古發掘，歷史遺跡如礦坑、碾磨作坊、製坯作坊和龍窯等相繼出土，作為香港瓷器業發展的見證。

碗窯遺址之牛碾，用牛拉動大石磨，把瓷石碾成粉末的工具。

四建築物及古蹟受保護
包括天文台港大大樓碗窯村及石圓環

【本報訊】港府憲報將於五月六日（星期五）將兩處建築物、一個古窯及一個具有考古價值的石圓環，宣布列為受保護的歷史性建築物及古蹟。它們分別為天文台、香港大學大樓及大嶼山古代石圓環。

天文台是一幢兩層高的得蔑，設有洪實和長廊，建於一八八三年，今年剛好是一百周年紀念。香港大學大樓是港島西面一座著名的學府建築物，樓頂為鐵棕，外圍有兩卷形花崗岩石柱。

大埔碗窯村古窯早在三百年前已經是新界區一個非常繁榮和著名的陶器工業中心，現時只剩下一些殘缺的陶器，這些殘缺的陶器亦甚堪賞，而當局亦計劃像茸花崗岩石四環亦宣佈列為古蹟。大嶼山一座古代

1983 年香港政府決定保護大埔碗窯古蹟的報道

大埔碗窯展覽館

歷史知識知多點

瓷器之路

中國是世界上最早發明和使用瓷器的國家，也是最大的瓷器產地，製品風行世界。法國國王路易十四（Louis XIV），曾下令廢棄宮廷內的銀器用具，改用中國瓷器，在歐洲掀起了一股「中國風」。在外國人眼中，瓷器就代表中國，所以瓷器的英文名「china」和中國的英文名「China」是一樣的。

在唐宋以後，瓷器工藝水平不斷提升，從陸上絲綢之路出口至世界各地，但瓷器較為笨重，又易破損，故後來改用海路，所以也有人將海上絲綢之路改稱為「瓷器之路」。

🔍 藏在身邊的史事 🔍

恐怖的名字 ——「運頭塘」

網上傳聞本港十大猛鬼地方之一的大埔「運頭塘」，又謂日佔時期日軍殺人無數，大量人頭在此堆積，因而得名。其實，昔日大埔碗窰的製品經海路運到各地，取道元洲仔進出吐露港，所以鄰近臨海地區稱為運頭塘，意思是貨運集散的碼頭。況且，據東江縱隊老戰士憶述，日軍在大埔的總部設於今日廣福橋外的大埔政府合署，行刑之地不可能是遠在彼方的運頭塘。

22

清代大海盜

〜〜〜〜〜〜〜〜〜〜〜〜〜〜〜〜〜〜〜〜〜〜

　　相信不少人都聽過海盜張保仔的名字，但對他的生平一知半解。據史書記載，他原名張保，廣東新會人，生於漁民家庭，幼時隨父親出海捕魚，遭人稱「紅旗幫」的海盜鄭一洗劫，淪為俘虜。鄭一見張保雖為階下之囚，但臨危不亂，聰慧機警，便把他留在身邊辦事。日後，張保屢次立功，先被提升為頭目，最終被鄭一收為義子，晉身紅旗幫的領導層。

張保仔劫掠商船意想圖

一代名盜張保仔的誕生

清嘉慶十二年（1807 年），鄭一出征越南，中途遭遇颱風溺死，幫眾由其妻鄭一嫂統領（本名石香姑，廣東花艇妓女出身）。怎料幫中部分頭目不服，率領部下自立門戶，惟張保仍一意追隨，此後兩人更日久生情，墮入愛河，寫下清代海盜史上傳奇一頁。

在張保帶領下，紅旗幫勢力不斷擴展，高峰期有七萬餘人，大小船隻共一千多艘，橫行珠江三角洲一帶。張保劫奪的多是中外商船，甚少侵擾百姓。他又下令部下不得私自上岸，不得姦污被俘婦女，並須以高價收購鄉民提供的糧食和物資。因此，張保非大奸大惡之徒，百姓不大反感，更有人認為他是一名「良盜」，親切地稱呼他為「張保仔」。

藏寶之地在香港？

香港有關張保仔的傳聞甚多，如長洲旅遊名勝「張保仔洞」，據說是他藏寶之地，但這些說法都沒有文獻為證。張保仔的巢穴其實遠在廣東湛江一帶，位處一座孤懸海中的小島，在香港未有根據地。張氏船隊神出鬼沒，清廷多次派兵前往圍捕，均失敗而回。

大嶼山海戰，決戰清兵

嘉慶十三年（1808 年），清朝總兵林國良率艦隊追捕，張保仔初時以數艘海盜船迎戰，且戰且退，誘敵深入，再設下埋伏，

1957 年《華僑日報》在南丫島發現懷疑是張保仔洞的報道

1949 年《工商日報》在赤柱發現懷疑是張保仔洞的報道

大敗清兵。林國良被俘後，被張保仔手下殺死。嘉慶十四年（1809年），張保仔在大嶼山北岸（今赤鱲角機場附近）再遭清朝水師與澳葡艦隊聯合圍剿，但最終乘風西去，突圍而出，清軍主帥孫全謀因此被降職。

投降歸順，解散部下

兩廣總督百齡見官兵屢次失利，便改變應對策略。他整頓軍隊，修建炮台，加強沿海防衛；嚴禁船隻出海，使賊人難以下手；與澳門葡人合作，由葡軍派出六艘軍艦協助廣東水師巡邏。此時，其他海盜集團（如黑旗幫郭婆帶和黃旗幫馮超群）相繼投降，張保仔見大勢已去，便透過澳門中醫周熊飛與官府聯絡，派鄭一嫂親往廣州城向百齡請降。

　　張保仔得到朝廷撥出的錢財，安排 17,000 多名部下上岸買地定居；旗下 200 多艘帆船和 1,300 多門大炮則轉交清廷。清廷又委任他為軍官，允許他保留 30 艘戰船，協助消滅其他海盜；鄭一嫂則獲准正式下嫁張保仔。道光二年（1822 年），張保仔死，鄭一嫂隱居澳門，二人的兒子張玉麟憑父親蔭庇獲封千總，後患肺病，於澳門過世。

歷史知識知多點

明末清初的海盜

　　明末清初之際，民變四起，戰亂頻生，兵賊難分，嚴重影響社會治安，最著名的是乾隆年間佔據鯉魚門魔鬼山的鄭連昌。

鯉魚門天后廟古碑，碑上刻有「鄭連昌立廟，日後子孫管業，乾隆十八年春立」。

　　鄭連昌是鄭建的曾孫。鄭建則是鄭成功部下，他因未及追隨鄭成功退守台灣，在香港落草為寇，成為海盜。乾隆年間，鄭連昌於鯉魚門建立天后廟，作為暗中監視附近海域的哨站，今日廟內還保存了鄭連昌建廟時留下的石刻。鄭連昌與張保仔可有關係？原來他正是張保仔義父紅旗幫海盜鄭一的父親。

鄭一的父親鄭連昌所建的鯉魚門天后廟

🔍 藏在身邊的史事 🔍

太平山與張保仔有關？

　　傳說張保仔曾利用太平山作為瞭望台，居高臨下，監視海上的動靜，待發現商船經過，立即以扯旗為號，通知山下營寨派船截劫，所以太平山才有「扯旗山」的稱號。

　　不過，正如上文所述，張氏的巢穴不在香港，所以此傳說的真確性較低。反而海盜紛紛投降後，香港海域治安改善，人們才稱之為太平山，意指天下太平。至於山頂扯旗的習慣，應該是英國人佔領港島之後出現，所升的也是英國國旗。

Chapter 02

近代篇

23
林維喜案

踏入 1800 年代，英國將鴉片偷運到中國販賣，大量走私船隻停泊在香港一帶，外籍船員常上岸遊蕩，或向村民購買糧食物資，其間醉酒鬧事，爭執毆鬥者，屢見不鮮。

林維喜案意想圖

外籍船員頻頻鬧事

英國商務監督查理‧義律（Charles Elliot）曾寫信給英國政府，對此情況表示擔憂。一位來自布里斯托的英國商人更在給外交大臣的信中提及：「英國的不法商人來中國的日漸增多，許多快艇小船，闖入珠江，船主水手，不遵守任何法律，不服從任何權威，常常鬥毆爭打，以致逞兇殺人，無法無天。」聞名中外的林維喜案就在這背景下發生，成為了鴉片戰爭的導火線。

查理‧義律

林維喜被毆身亡

道光十九年五月二十七日（1839 年 7 月 7 日），一群英國水手在尖沙咀村醉酒鬧事，搗毀一座神龕，與村民發生衝突，多名村民被打，林維喜身受重傷，翌日氣絕身亡。當時，林則徐奉命到廣州禁煙，英國人拒絕接受禁令，兩國關係惡劣。義律得知事件後，趕赴現場，展開調查。他發現真兇是英國人後，就向林維喜家屬提供 1,500 銀元撫恤金，又向其他受害村民賠償。最重要的是，他透過村民劉亞三利誘林維喜之子林伏超立下字據，證明父親被洋人碰跌，意外撞石斃命，一切與洋人無關。

英國拒不合作，林則徐堅決執法

林則徐得知此事後，下令徹查。新安知縣梁星源檢驗林維喜屍體後，發現多處棍傷；他還捉拿了協助掩飾真相的劉亞三。為混淆視聽，義律又指與村民衝突的其實是美國水手，英國船員只是剛巧路過。為找出真相，林則徐向美國領事求證，證實當日沒有美國人登岸。

所謂人證物證俱在，清政府要求義律交出兇手，合情合理。再者，事發於中國領土，造成中國公民死亡，案件理應交由中國處理，但義律拒絕奉命，還私下審理案件，輕判之後，將兇手送返英國。林則徐下令禁止百姓與英國貿易，又要求葡萄牙人驅逐留在澳門的英國人，英國人只得轉移到九龍海面的貨船上居留。

九龍海戰，鴉片戰爭開始

林則徐同時命令民眾停止向英國人供應食物，撤走其僱用的中國傭人。老羞成怒的義律率戰艦到九龍，要求華人提供糧水，但遭清朝水師發現。英國軍艦先向中國開火，雙方激戰五小時，英國人無功而回，這一場「九龍之戰」亦正式掀起了鴉片戰爭的序幕。

歷史知識知多點

鴉片戰爭與中西法治觀念

有人認為鴉片戰爭起於文化差異，責任歸咎於中國拒絕接受西方法律制度。其實，林則徐委託美國醫生伯駕（Peter Parker）及翻譯員袁得輝，將瑞士法學家亨利·惠頓（Henry Wheaton）的著作《萬國公法》譯成中文，查明英國人在外國領土不擁有治外法權後，才採取行動。

再者，類似林維喜案的情況早有發生，如 1874 年的曉士夫人號事件，英國就交出胡亂開炮殺人的英籍兇手。兇手經中國審訊後判處死刑。如司法制度差異而引發戰爭，又為何要等數十年呢？一切只不過是英國人美化其侵略行徑的藉口而已。

藏在身邊的史事

消失的尖沙咀村

　　林維喜案發生於九龍半島的尖沙咀村。此村歷史悠久，在明代《粵大記》就有記載。昔日九龍半島臨海之地（今漆咸道一帶）是一個沙灘，地形如一個尖嘴突出海上，並因此命名。

明《粵大記》記載了「尖沙嘴」（尖沙咀）的地名（圖右下方）

　　尖沙咀村人口密集，附近有田地，還有碼頭可供貨物上落，位置估計在加拿芬道及赫德道一帶。英國侵佔九龍半島後，大舉建設軍事基地（昔日九龍公園為英軍軍營），清拆多條村落，村民被安置到油麻地，尖沙咀村也從此消失。

24
鴉片戰爭與香港

清朝中葉，英國商人來華貿易，以大量墨西哥銀元換取中國茶葉，造成貿易逆差。為扭轉這狀況，英國人轉而從事走私貿易，將鴉片傾銷到中國，危害中國經濟，損害國人健康。於是，清道光帝派欽差大臣林則徐南下查禁鴉片。林則徐抵達廣州後，要求外商三天內交出全部鴉片，並保證永遠不再於中國輸入鴉片，否則「貨盡沒官，人即正法」。禁絕外商鴉片後，林則徐在虎門海灘主持銷煙行動，以生石灰和鹽鹵將鴉片銷溶成渣，再讓其流出大海。

林則徐在虎門海灘主持銷煙

英人拒不合作，多次出兵進犯

英國在華商務監督雖然被迫交出鴉片，但拒絕承諾不再走私，與英商退至澳門。此時，剛巧發生上一篇提及的林維喜案，中英雙方關係更為惡化，英軍突擊清朝水師，是為九龍海戰；之後在今日佐敦一帶爆發「官涌之戰」，雙方對戰六次之多，清兵擊退進犯的英軍。

鴉片戰爭爆發

英軍增援北上，林則徐遭革職

1840 年，英國正式任命喬治‧懿律（George Elliot）為總司令，率領戰艦四十多艘東來，攻打廣東不成功後，便北上侵襲其他省份，攻陷定海，登陸舟山，抵達天津。道光皇帝龍顏大怒，認為林則徐辦事不力，將他革職，改派琦善南下談判。此時懿律因病辭職，由其堂弟義律接任全權代表。琦善到達廣州後，竟然撤除沿海防備，英軍乘機攻陷了虎門外的沙角炮台。

英軍登陸上環，佔據香港島

當時，英國企圖取得中國沿海一個島嶼作為貿易據點，舟山、廈門和香港都在選項之內。最終英國人選擇了香港島，是因為尖沙咀海面是優良港口，早已是鴉片躉船停泊之地，怡和大班對港島又極力推薦。於是，即使中英和約未曾簽訂，英方即決定下手。1841 年 1 月 25 日，英國測量船硫磺號由艦長貝爾徹（Edward Belcher，香港譯作卑路乍）帶領，在香港上環登陸。翌日，英軍正式舉行升旗儀式，以示正式佔領港島。英國人稱登陸地方為佔領角（Possession Point），就在今上環水坑口街附近，所以今天水坑口街的英文名仍叫 Possession Street。

簽訂《南京條約》，正式割讓港島

雖然義律帶領的英軍強佔港島，但英國政府仍未滿足，改派剛在阿富汗立下戰功的璞鼎查（Henry Pottinger，香港譯作砵甸乍）帶領艦隊來華。他日夜兼程，抵達香港後，視察正在施工的「皇后大道」；兩天後親率艦隊北上，攻陷中國沿海多個重要城市，搶走大量銀元和物資，擄走婦女，殺害無辜百姓。1842 年 8 月，英軍兵臨南京城下，

璞鼎查（砵甸乍）

清軍無力抵抗，清朝被迫求和。8 月 29 日，中英代表在南京江面停泊的漢華麗號上，簽訂中國近代史上第一份不平等條約 ——《南京條約》。該條約第三款列明：「今大皇帝准將香港一島給予大英國君主暨嗣後世襲主位者常遠據守主掌，任便立法治理。」香港自此被英國管治，命運從此改寫。

歷史知識知多點
中國近代史的開端

「近代」指接近當今時代的一個歷史時期，不同國家進入近代史的時間都不同。中國近代史開端是第一次鴉片戰爭（1840年），因為在這場戰爭中，船堅炮利的西方列強打敗中國，迫使中國對外開放，中國從此受西方國家侵略，與西方開始緊密接觸，之後進行各種變革，是一個與「古代」截然不同的時期。

藏在身邊的史事

鴉片戰爭與香港地名

英國人佔領港島後，展開一系列基建工程，命名了一些街道與地方。當中不少跟鴉片戰爭息息相關，如上文提到的水坑口街（Possession Street）。以下是其他例子：

街道	命名來由
砵甸乍街	命名自香港首任港督暨鴉片戰爭的英軍統帥璞鼎查（砵甸乍）
硫磺海峽	命名自第一艘登陸香港的英軍測量船硫磺號（Sulphur）
卑路乍街	命名自英軍測量船硫磺號的艦長貝爾徹（卑路乍）
香港仔（Aberdeen）	香港仔的英文名稱用以紀念當時英國外交大臣鴨巴甸（Aberdeen）
赤柱（Stanley）	赤柱的英文名稱用以紀念當時英國殖民地大臣士丹利（Stanley）
閣麟街	用以紀念鴉片戰爭守衛港島的英國海軍司令閣麟（Cochrane）
歌賦街	用以紀念鴉片戰爭英國遠征軍陸軍主帥歌賦（Gough）

25
九龍寨城

今日「九龍寨城」是一個中國傳統園林，誰會想到此地曾經是「黃賭毒」泛濫的「三不管」地帶？要認識九龍寨城的滄桑變化，就要從英國佔領香港的歷史說起。

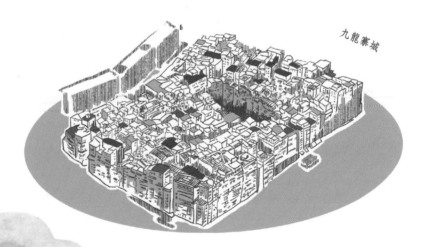

九龍寨城

防範英軍入侵，修建九龍寨城

自古以來，九龍已是戰略要地，清康熙七年（1668 年）在此設置「九龍墩台」，並駐兵 30 人。嘉慶十六年（1811 年），九龍海旁增建炮台一座，設大炮八台，以鞏固海防。鴉片戰爭後，香港島割讓予英國，九龍成為清政府防範英軍的最前線，軍事地位日益重要。於是，兩廣總督耆英建議興建九龍寨城，以加強防務。

道光二十七年（1847 年），「九龍寨城」建成，城牆呈長方形，長 210 米，闊 120 米，牆高達 6 米。寨城東、南、西三面安放大炮 32 門，北牆依山而建，故沒有炮台；又設有六座瞭望台和四道城門，其中以南門為正門，門上有刻上「九龍寨城」四字的石額。

英國租借新界，九龍寨城未能倖免

及至 1898 年，英國威迫清廷簽署《展拓香港界址專條》，強租「新界」土地，為期 99 年，但清廷力爭保留新界之內的九龍寨城管轄權，列明「所有駐城中國官員，仍可以居城辦理公務」。豈料英方接收新界時，遭鄉民頑強抵抗，乃乘機誣陷清廷從中煽動，再以此為藉口，宣佈撤銷中國管轄權，驅逐城內中國官員和駐軍。清政府雖發出嚴正聲明，力圖收復失地，但適值義和團事件發生，八軍聯軍攻入北京，清政府未能力爭到底，「九龍寨城」就成為了中英夾縫中的「三不管」地帶。

中英達成協議，清拆九龍寨城

　　踏進 1920 年代，寨城已十分破舊，南面城牆開始倒塌。城內六十餘所民居在 1930 年代起亦陸續清拆，只餘下廣蔭院（衙門）、龍津義學等少數建築。抗日戰爭期間，日軍佔領香港，把城牆拆毀，石塊用來擴建啟德機場。戰後，大批內地難民湧入寨城聚居，多層大廈陸續興建，加上當時未有警員入城巡邏，故黑道勢力乘時而起，區內變成黃賭毒猖獗的罪惡溫床。

　　1984 年《中英聯合聲明》簽署後，英國政府與中國政府達成協議，展開清拆寨城的工程，原址於 1995 年建成今日的九龍寨城公園，作為這一段歷史的見證。

1987 年中英雙方達成共識，宣佈清拆九龍寨城。

九龍寨城公園正門

歷史知識知多點

為甚麼中國堅持保留寨城？

1897 年，英國眼見德國和俄國成功租借中國港口，便以「最惠國待遇」權益一體均沾為藉口，要求租借山東威海衛，並藉此拓展香港界址。在英國武力威脅下，清廷設法減少損失，要求保留九龍寨城為據點，並容許中國官員管有和使用九龍寨城東門與海岸連接的碼頭，以維持中國與區內的軍事、經濟及交通聯繫。

儘管當時港英政府和商人極不贊成，但清朝代表李鴻章態度堅決，並以減少租借面積為談判籌碼，迫使英方妥協。事實上，清朝在租借威海衛港灣給英國時，保留了威海衛城；在租給俄國的旅順港時，也保留了金州城，目的就像保留九龍寨城一樣，維持各租借地與國家的聯繫，有利日後收回領土。

藏在身邊的史事

九龍寨城公園

　　走進今日的九龍寨城公園，大家可以看到九龍寨城在不同時期的歷史見證。

歷史時期	歷史遺跡
清朝統治時期	寨城清拆時，建築工人發現昔日城牆的地基及正門上的石匾，現保留及陳列於公園內的「南門懷古」。
英國佔領初期	清朝官員被英國驅離後，港府將城內衙門租給聖三一堂的傳教士使用，今日改建為公園陳列室。
二戰後三不管時期	公園內有一景點稱為「光明路」，為昔日吸毒者聚集之地，他們點燃蠟燭以吸食毒品，公園小路因而命名。

寨城內的衙門

今日公園內的光明路是昔日吸毒者聚集的地方

26

維多利亞城與
四環九約

今日港島的中環、上環及西環，早已是人所共知的地方。究竟當中的「環」是指甚麼？為甚麼只有中上環而沒有下環？這些地名又從何時開始使用呢？

維多利亞女皇

英國佔領港島，發展中上環

原來港島北區的中環、上環昔日統稱為群帶路，在 1841 年英國人登陸港島時，是一個人煙稀少之地。據當時英軍記錄，港島共有 16 條村落，半數位處南區，人口最多的是赤柱。經過研究後，英國人決定捨赤柱而取港島北岸，將它發展為政治和商業中心，在此修建皇后大道，並拍賣沿海地皮。投得土地的英商在此興建了住宅、商行、貨倉、碼頭、市場等，奠定了中上環核心商業區的地位。

建立維多利亞城

隨後數年，港島北岸進一步發展，中環成為政治、經濟和軍事重地，除金融商業外，港督府、三軍司令官邸、聖約翰教堂等紛紛落成，海旁及山邊滿眼是西式建築；上環和西環變成華人聚居地，來港謀生的商販、苦力、建築工人擠滿了窄小的唐樓；灣仔春園一帶則發展為高級住宅區。港島北岸搖身一變為繁華熱鬧的大型市鎮，在 1843 年命名為維多利亞城（Victoria City 或 City of Victoria）。

THE HONGKONG TELEGRAPH, MONDAY, JULY 16, 1883.

TENDERS for the public scavenging of the city of Victoria and the village of Yau-ma-ti will be received by the Colonial Secretary up to August 1st. Form of tender, specifications, and other particulars may be obtained by applying to the Sanitary Inspector.

香港《士蔑報》刊登 1883 年一則政府工作招標的報道中，已使用「City of Victoria」的名稱。

華人將沿岸港灣稱作四環

1857 年，港府首次將港島劃分為
維多利亞城、石澳、赤柱、香港仔等區
域，當中維多利亞城再分「七約」，第
四、五和六約就是上、中、下環。至於
華人社會，由於廣東人習慣將海「灣」
轉音讀作「環」，所以華人將維多利亞
城區由西至東的海灣稱為西環、上環、
中環、下環（後來改稱灣仔）。這只是
民間約定俗成的說法，並非官方劃定的
區域。首次出現「四環」一詞是 1857
年的四環盂蘭勝會。1866 年，港島華

1928 年 8 月 29 日的報章介紹
四環更練的由來

商自發成立團防局，下設「四環更練」，更練是民間自衛隊，以彌
補警力不足，「四環」區域劃分進一步在華人社會流傳。

四環九約的城區範圍

1903 年，港府在《憲報》刊登維多利亞城範圍，又在不同地
點豎立界石，正式標示城區的範圍，當中兼用官方的「約」和民間
的「環」，形成「四環九約」的行政分區。詳情如下：

四環	
西環：干諾道西至堅尼地城	中環：中區美利操場至威靈頓街西邊
上環：威靈頓街西邊盡處至國家醫院	下環：灣仔至跑馬地、銅鑼灣一帶

九約	
第一約：堅尼地城至石塘咀	第六約：中環街市至軍器廠街地段
第二約：石塘咀至西營盤	第七約：軍器廠街至灣仔道
第三約：西營盤	第八約：灣仔道起至鵝頸橋
第四約：干諾道西的東半島	第九約：鵝頸橋至銅鑼灣
第五約：上環街市至中環街市	

維多利亞城範圍

維多利亞城範圍

歷史知識知多點

維多利亞女皇（Queen Victoria）

英國人佔領港島時，在位的正是維多利亞女皇（1837–1901 年在位），所以港九之間的海港稱作維多利亞灣（Victoria Bay），後改名為維多利亞港（Victoria Harbour）。太平山被冠以「域多利山」之名（Victoria Peak），港島北部興建的新城區則稱為維多利亞城（Victoria City）。

其他以維多利亞女皇命名的還有港島西的域多利道（Victoria Road）、中環域多利皇后街（Queen Victoria Street）、域多利監獄（Victoria Prison，已活化為中環大館古蹟群）等。值得注意的是，皇后大道（Queen's Road）也以維多利亞女皇命名，只是當時翻譯人員出錯，才將中文名字「女皇」錯譯為「皇后」。

已清拆的皇后碼頭

🔍 藏在身邊的史事 🔍

維多利亞城界石

　　維多利亞城與四環九約的區域劃分方法，在第二次世界大戰之後停用。然而，上文提及 1903 年豎立的維多利亞城界石，現已找到十座，較易到達的有薄扶林道 84 號（富林苑側）、跑馬地黃泥涌道（聖保祿天主教小學對面）、西寧街堅尼地城臨時遊樂場（近遊樂場西面入口）、寶雲道（近寶雲道及司徒拔道交界）。界石屬四方形柱體，頂部呈錐形，由花崗岩建造，柱身刻有「CITY BOUNDARY 1903」字樣。

位於堅尼地城的界石

位於舊山頂道的界石

界石刻有「CITY BOUNDARY 1903」字樣

27
英法聯軍與香港

英國人在鴉片戰爭後，企圖得到更多利益，要求中國增闢商埠，將鴉片貿易合法化，故有意發動另一場戰爭，迫使中國再次簽訂城下之盟。這場戰爭的導火線就是亞羅號事件。

亞羅號事件爆發，英軍炮轟廣州

亞羅號在 1854 年由中國人蘇亞製造，隨後售給已居於香港十年的中國人方亞明。1855 年，港府頒佈《船舶註冊條例》，規定香港華人可取得殖民地船隻執照，亞羅號便於當年 9 月 27 日註冊，執照有效期為一年。船東方亞明僱用了英國人譚馬士・肯尼迪（Thomas Kennedy）為船長，並聘請了一批中國人為水手，名為貨船，實則與海盜勾結，並從事走私鴉片等勾當。

1856 年 10 月 8 日，中國水師收到舉報，在廣州珠江碼頭截

查該船，船上 12 名水手被認出是海盜，加上船隻執照已經過期，中國水師立即扣押船隻，拘捕船上水手，降下英國國旗。然而，肯尼迪向英國領事巴夏禮（Harry Parkes）投訴，巴氏認為此舉是對英國的侮辱，立即向兩廣總督葉名琛抗議，要求放人及道歉。葉氏在限期前一小時放還水手，但港督寶靈（John Bowring）刻意尋釁，拒絕接收，派海軍師令西摩（Michael Seymour）率艦炮轟廣州，史稱「亞羅號事件」。

1855 年，港府頒佈《船舶註冊條例》，規定香港華人可取得殖民地船隻執照。

英國方面指，清水師搜查英籍船隻亞羅號時，甚至撕毀了英國國旗。

英國聯同法國，乘機出兵

當時，葉名琛下令廣東水師撤離前線，不准還擊，結果英軍攻入廣州城內，搶掠官署衙門。廣州人民奮起抵抗，焚燒英國商館，英軍即焚燒商館附近的中國民宅數千間報復，並以此為藉口擴大戰事。適逢法國在歐洲遇到挫折，企圖挽回民望，便借廣西西林縣有法國傳教士馬賴（Auguste Chapdelaine）被殺一事（違法入境傳教，被中國官員捕殺），聯合英國出兵。

簽訂《北京條約》，侵佔九龍半島

1857 年，聯軍由英國額爾金（James Bruce, 8th Earl of Elgin）和法國葛羅（Jean-Baptiste Louis Gros）等人率領，先在香港集結，再攻陷廣州，俘虜葉名琛（後被流放到印度加爾各答，絕食而死）。隨後，英法聯軍北上，經歷兩次大戰，在 1860 年 10 月攻入北京，火燒圓明園，搶劫園中的財物和珍寶；又迫使清政府簽訂《北京條約》，英國得以侵佔今日界限街以南的九龍半島。

歷史知識知多點

火燒圓明園

　　圓明園是一座規模宏大、美輪美奐的皇家園林宮殿，始建於 1709 年，經多位清代君主的增築修建，成為了舉世聞名的「萬園之園」。1860 年，英法聯軍以談判使節巴夏禮被拘為藉口，攻佔圓明園，搶劫園中國寶文物及藝術珍品；又肆意縱火，大火三日三夜不息，數百名太監、宮女被燒死。

　　被搶走的寶物估計有 150 萬件之多，至今不少國寶級文物仍流落在國外。最著名的是圓明園海晏堂外的水力報時噴泉，當中設有十二生肖人身獸首銅像，均被聯軍砍下獸首後奪去，至今只有七個回歸我國，還有龍、蛇、羊、雞、狗五個流落在外。

火燒圓明園

🔍 藏在身邊的史事 🔍

與英法聯軍之役有關的街道

香港島和九龍半島被英軍佔領後，不少街道都以英國或本地官員命名，部分跟英法聯軍一役有關。

街道	人物
中環伊利近街（Elgin Street）	此街在戰事期間建成，適值額爾金（Elgin）率領英軍到港，港府便以他命名街道。
九龍白加士街（Parkes Street）	香港翻譯員不知道精通中文的英國領事巴夏禮（Parkes）已自譯名字，便將紀念他的街道音譯為白加士街。
九龍寶靈街（Bowring Street）	以下令進攻廣州的第四任香港總督寶靈命名

28
九龍半島割讓

1841 年，英國佔領香港島後，對岸的九龍半島仍屬清朝領土，令英國人無法完全管控兩岸之間的維多利亞港，故早已有據為己有之心。

九龍移交儀式

企圖奪取九龍，控制維港

香港第四任總督寶靈曾經向英國政府進言，希望奪得九龍半島作軍事和商業用途，且將維港變成港英政府控制的領海。隨著英法聯軍之役爆發，英國人的構想終於實現。英法聯軍開戰初期，香港政商人士已大力鼓吹乘機佔領九龍。英國外交部接納其意見，在 1858 年指示身在前線的英軍統帥額爾金全力爭取。不過，當來自英國的指令送到他手上時，《天津條約》已經簽署，額爾金未能趕及將割讓九龍的要求加入條約之中，中國暫保九龍。

英法聯軍之役期間，佔領尖沙咀

不久，戰事再起，英法聯軍再次攻打中國，時任港督羅便臣（Hercules Robinson）再次乘機建議佔領九龍，作為英國增援部隊的營地。1860 年 3 月 18 日，英軍第 44 團特遣隊強佔尖沙咀一帶，在此修建臨時軍營和防衛工事。在英軍強佔九龍兩日之後，英國駐華領事巴夏禮強迫兩廣總督勞崇光割讓九龍半島。勞氏在請示朝廷之前，當然不敢答應，最後改為「暫時租借」，租金是每年白銀五百兩。於是，英軍大舉在此駐紮，並開始修築九龍半島第一條道路（即今日彌敦道），直到 5 月才撤離，北上進攻北京。

割讓九龍半島，舉行交接儀式

之後，英法聯軍攻陷北京，清政府被迫與之簽訂《北京條約》，條例列明割讓九龍予英國。所謂「九龍」，就是當時「九龍巡檢司」負責管轄的部分地區，即九龍半島界限街以南，連西面昂船洲的土地，面積約 10.6 平方公里。1861 年 1 月 19 日，九龍半島的交接儀式在今日彌敦道上舉行，新安縣令、九龍巡檢司、大鵬協副將等官員被迫出席，巴夏禮隨手在地上抓起一把泥土，放進袋中，塞給一名清朝官員，再叫他把該袋交給英方統帥額爾金，象徵領土由中國交到英國手上。這樣，九龍半島就脫離清政府管治，落入英國人之手。

英軍佔領九龍後，在今日九龍公園內興建軍營，其中一座軍營今已改為香港文物探知館。

歷史知識知多點
九龍的第一條街道

英國接管九龍半島時，在任的香港第五任總督是夏喬士·羅便臣，他本人也有參與領土交接儀式。於是，儀式舉行的地方，即英軍駐紮尖沙咀時修建的九龍第一條道路，就命名為羅便臣道。

1904 年，第 13 任港督彌敦（Matthew Nathan）就職，他曾是英國陸軍工程師，在任期間推動九龍建設，進行大規模填海工程，九廣鐵路英段也正式動工。為紀念他開發九龍的貢獻，並避免與港島的羅便臣道混淆，九龍羅便臣道便改名為彌敦道。

ROBINSON ROAD.

TO THE EDITOR OF THE "DAILY PRESS."

Hongkong, 12th December,
SIR,—May I presume to draw the attention of the responsible authority to the disgraceful state of Robinson Road (Kowloon); the wheelbarrows which have been used for removing the earth from the site of the new church have been allowed to make holes and ruts several inches deep, and the loose earth covers the road to a depth in many places of two or three inches. In the present dry weather, with a strong wind blowing most days, this state of things is positively painful to residents as well as to pedestrians; it is impossible to open a window with any comfort, and walking is anything but pleasure, and ricksha riding is positively dangerous.

Contractors and coolies in Kowloon seem to be allowed to do what they please with the roads; are there no byelaws or regulations for the protection of the poor persecuted and long-suffering ratepayer and resident?

The Merry Microbe has in this particular case a splendid opportunity to make himself known and I sincerely trust that Dr. Clarke

1904 年《孖剌西報》刊登一封有關九龍羅便臣道的投訴信，可見昔日彌敦道本來稱為羅便臣道。

藏在身邊的史事

界限街

今天，我們常說清政府在北京條約割讓界限街以南的地區。其實，當時這條中英領土分界線被英方稱為「界限線（Boundary Line）」，起初只是一條筆直的分界線。界線所在的重要區域由木材和竹棚搭成的籬笆分隔，兩面有英軍和清兵巡邏。為方便居民往來，規定每天早上 6 時至日落前可以在三處地方通行（今日的福全街、大坑東道花墟、九龍城）。昔日華

界限街

界鄉民會將花卉和蔬菜帶到英界出售，擺賣地點就在今日的旺角花墟，花墟之名也由此而來。英國租借新界後，界限線的籬笆取消。1934 年，港府發展九龍塘區，在界線上興建道路，形成今日界限街。

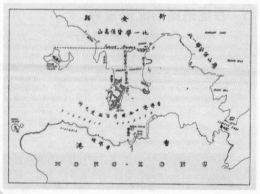

1860 年中英《北京條約》附圖中標示「建議界線（Proposed Boundary）」即日後界限街。

29
英法聯軍期間的
港人抗爭

1856 年，亞羅船事件發生，英國領事巴夏禮和港督寶靈刻意將事件擴大，聯合法國進軍中國，是為英法聯軍之役。

團結一致，抵制在港英人

當時，九龍半島和新界仍屬廣東省新安縣管治，縣中的士紳由陳桂籍率領，聚會於新安縣官立學校的明倫堂內（位於今日深圳南頭古城），同仇敵愾，發出公告，號召同胞抵制英國。陳桂籍在會後立即行動，安排其弟舉人陳芝廷，組織鄉勇到通往九龍的道路上部署，設置哨崗和關卡；海路則安排小型船隊巡邏，對香港島實施禁運，打擊英國的貿易和經濟。

反英情緒高漲，英人惶恐渡日

　　此時，居於香港的新安縣人紛紛離港回鄉，不少華商也結束在港業務，各地都拒絕運送糧食蔬菜到香港島，那些仍然售賣糧食給英國人的華商則受到警告。當時有一所專門向英國人供應麵包的裕盛麵包店（英文名 Esing，又名裕昇店），店主為華商張亞霖。1857 年 1 月 15 日，該店製作的麵包被人秘密混入砒霜，以毒殺英國人，但砒霜分量過多，進食者立即嘔吐，故無人喪生。不過，中毒者多達 400 人，其中包括港督寶靈的夫人。此事在英國人社區中造成極大恐慌，轉而向外商開設的都特爾麵包行（Duddell Bakery）購買麵包，但該行也被人縱火焚毀，貨倉內一千包麵粉化為灰燼，在港華人反英情緒之高可以想見。

裕盛麵包店

毒麵包案發生後，裕盛麵包店被迫結業，圖為報章上刊登該店結業前處理債務的公告。

鄉勇潛入港島，偷襲英軍

除了針對物資供應，陳芝廷的船隊還同時對英軍作出監視，並派鄉勇潛入港島作出騷擾。1 月 19 日，一批人馬喬裝平民進入香港，趁一隊英軍巡邏隊毫無防備之際，發起突襲，打得英軍落荒而逃。他們還殺死其中一名英軍，將他的首級帶回新安縣。當時，陳芝廷還懸紅五百大元，以六品官職為承諾，鼓動為英人服務的華人暗殺英國貪官高和爾（Daniel Caldwell）和警務處長威廉堅（William Caine）。

港府改善華洋溝通，緩和反英情緒

為了保護港島的英國人，港督寶靈在每天下午 6 時以後安排大批警察和士兵巡邏，又請求法國海軍司令派員協助防衛。此外，為了改善與華人關係，他還計劃要求歐籍公務員學習華語，設立溝通和申訴機制，歡迎華人表達對港府的不滿，以緩和局勢。

為應對華人針對英國人的攻擊，1857 年《香港政府憲報》刊登禁止華人在晚上 8 時後上街的公告。

歷史知識知多點

大貪官高和爾

　　遭新安縣士紳懸紅追殺的高和爾是港英政府的大貪官。他成長於新加坡，精通多國語言，能說流利廣東話，開埠初期在港出任法庭翻譯員，至英法聯軍之役期間升任總登記官。他一向遊走於正邪之間，既與高官和英商關係密切，又跟黑幫和海盜來往，當中包括從事綁架、走私、人口販賣的黃墨洲。

　　警司查理士‧梅理（Charles May）將高和爾的罪證交予政府，代理輔政司的必列者士（William Bridges）與高氏關係友好，竟然以節省辦公室空間為由，下令燒毀所有證據。之後，新任按察司安士迪（T. C. Anstey）再次提出指控，也因港督寶靈包庇而不了了之。即使新任港督羅便臣上任，重啟調查，高和爾也只是被革除公職。當時港英政府的貪污腐敗，法治不彰，實可見一斑。

🔍 藏在身邊的史事 🔍

民政事務局的前身

上文提及高和爾出任總登記官一職，這究竟是甚麼職位呢？

香港開埠以來，商業貿易發展，由內地來港的華人大增，惟良莠不齊，導致市面治安欠佳。於是，港府加強管理，於 1844 年成立總登記官署，設有「總登記官（Registrar General）」一職，負責統籌人口登記，管理在港華人。後來，為節省開支，此職位由警察總監兼任。

鑑於英法聯軍引發的仇英情緒，港府於 1857 年恢復總登記官一職，並加上撫華道（Chinese Protector）的銜頭，旨在加強港府與華人社會的溝通，出任者正是高和爾。1913 年，總登記官署易名為華民政務司署（Chinese Affairs Office）。之後輾轉演變為民政事務局（現分拆成「民政及青年事務局」及「文化體育及旅遊局」），負責康樂、文化、青年政策等事務。

30
第一位華人
立法局議員

今天大家都可以投票選出立法會議員，議員也多數是中國籍的香港居民。然而，英國人管治香港的百多年間，華人少有機會參與政治，各級高官、立法局和行政局議員，全都由英國人壟斷。

伍廷芳

英籍官商壟斷政壇

1843 年，英國維多利亞女皇頒佈《英皇制誥》及《皇室訓令》，以港督為英皇代表，統領香港政府。當時，港督砵甸乍既是行政和立法兩局的當然主席，又兼任香港三軍司令，集大權於一身。立法和行政兩局的議員全由港督委任，而且被政府官員壟斷（稱為官守議員），連英籍商人也無法參與。他們向英國國會申訴後，1850 年立法局內才出現兩個非官守議員，由財力雄厚的英商出任。

除此以外，港府堅持執行華洋分隔的政策，如將維多利亞城中心闢為歐籍人士專屬居住區和商業區，華人須一律遷出，而且對華人罪犯施行各種酷刑。在這樣的社會背景下，直到十九世紀末才由伍廷芳打破這局面，代表華人進入香港政壇。

刻苦求學、留學英國的伍廷芳

伍廷芳自幼居於廣州，接受中國傳統教育，14 歲時毅然到香港求學，入讀聖保羅書院，接受西式教育。據說伍廷芳求學期間，與友人黃勝在 1858 年創辦《中外新報》，被指是中國近代史上第一份由中國人所辦的報紙。1861 年畢業後，他在香港法院出任翻譯，在 1874 年偕妻子以個人儲蓄自費赴英國倫敦大學學院攻讀法律，之後進入林肯律師學院，獲得大律師資格。

伍廷芳曾經入讀的聖保羅
書院舊址,今天已闢作聖
公會會督府。

第一位香港華人律師

1877 年,他乘船離英回港,在船上認識
了候任港督軒尼詩(John Hennessy)。不久,
儘管面對大批英籍官員和律師阻撓,在軒尼
詩全力支持下,香港律政司宣佈伍廷芳成為
香港第一個獲准執業的華人律師。1878 年,
伍廷芳再獲任命為香港開埠以來第一個華人
「太平紳士」。

香港《德臣西報》刊
登伍廷芳在 1887 年成
為香港首位華人律師
的消息

華人首次晉身立法局

其實,自 1860 年代以來,華商的實力不斷增強,對香港經濟
貢獻良多,港府的稅收大多來自華商,故華商一直希望有代表能晉
身立法局。當時,軒尼詩的態度較為開明,同情華人的境況,也取

消了一些種族歧視的政策（如華人不得在中環買地等限制）。1880年，立法局議員、仁記洋行的大班吉普（Gibb）請假，軒尼詩趁機委任伍廷芳暫代其職，成為第一位華人立法局議員。

不過，英國政府仍然拒絕給予他正式席位，伍廷芳也因多次受到英國人冷落，辭職北上，擔任李鴻章幕僚。1883年，新任港督寶雲（George Bowen）改革立法局，港府才正式撥出一個非官守議員的席位給華人黃勝。

THE DAILY PRESS, THURSDAY, JUNE 8th, 1880.

It is notified in the *Gazette* that the appointment of the Hon. Ng Choy as Member of the Legislative Council in place of the Hon. Hugh Bold Gibb, absent from the Colony, has received the approval of the Secretary of State for the Colonies.

1880 年《孖剌西報》刊登伍廷芳出任立法局議員的消息

前香港高等法院，1985 年起成為立法局大樓。香港回歸後，沿用作立法會大樓，2011 年改為終審法院大樓。

歷史知識知多點

黃勝

　　繼伍廷芳後，第二位成為立法局議員的華人是黃勝。他年幼時在澳門就讀馬禮遜書院，《南京條約》簽訂後隨校搬遷來港。1846 年，校長布朗牧師（Brown）返回美國時，帶同黃勝等數名學生到當地求學，但黃勝留美不足一年就因病回港。

　　此後，他從事印刷及翻譯工作，得到港府賞識，在 1858 年獲委任為首位華人陪審員。之後，他投身洋務運動，在上海同文館教授英文，與伍廷芳創辦《中外新報》，參與興辦東華醫院，對社會貢獻良多。1884 年，他出任立法會議員，至 1890 年卸任，議席由何啟接替。

🔍 藏在身邊的史事 🔍

與伍廷芳有關的人物

　　伍廷芳的妻子是何妙齡，二人一起留學英國。何氏晚年出資建成何妙齡醫院，後來與另外兩間醫院合併為今日大埔的「雅麗氏何妙齡那打素醫院」。

　　何妙齡的弟弟何啟曾留學英國，獲得醫學和法律雙學位，1914 年，何啟與區德等人在九龍灣填海興建住宅區，土地後來闢作啟德機場，機場以二人名字命名。

　　伍廷芳的岳父何福堂是第一位華人牧師，今日輕鐵屯門支線有一個何福堂站，是本港唯一以華人名字命名的鐵路站。

31
南北行與金山行

英人佔據港島以後，實施「自由港」政策，大批外國商行遷入中環，通過販賣鴉片獲取巨利，並從事貨物轉口貿易，主導香港經濟。1850 年代太平天國起義爆發，來自潮州、廣東、福建等地的華商與日俱增，他們以帆船貿易的形式，利用香港的地理優勢，從事華南與華北之間的貨物貿易，進而擴大範圍，「南」至東南亞，「北」至日本、韓國、俄羅斯等地，人稱之為「南北行」。

華人被「賣豬仔」到外地做苦工

從事貨物轉口，聯通南北各地

南北行又稱南洋莊，經營轉口貿易，促進南北貨品交換，互通有無。來自「南」方的東南亞貨品以樹膠、木材、香料、白米、椰油之類的商品為大宗，經銷的「北」方沿海各埠貨物則以生油、土產、藥材、海味、京果等為主。南北行商人拼搏自強，利用香港轉口港發展的機遇，積累可觀的財富，在商界漸漸崛起，之後更兼營船務保險、外匯兌換、代客兌貨等業務，經濟實力已超過在港洋商。

南北行公所成立，領導業界

1868 年，南北行的同業自行組織「公所」（後稱「南北行公所」），以鞏固自身地位，維護業內利益，並互相照應，維繫鄉情，是為香港最早的行業商會。由於

文咸西街昔日稱為南北行街，現在街道兩旁店舖仍以售賣參茸海味為主。

臨近上環三角碼頭，船隻上落貨物方便，鄰近的文咸東街和文咸西街，成為華人商行聚集之地，遂有「南北行街」之稱。南北行公所之碑記也指出：「香港地處華洋要衝，外通歐美，內接華夏，集萬流之品類，握貨運之樞機，我南北行業，實執牛耳焉。」

金山莊興起，販賣華人勞工

　　除了南北行，金山莊也在香港對外貿易扮演重要角色。十九世紀，美國加州及澳洲墨爾本等地發現金礦，掀起淘金熱，礦場主人從海外輸入大量廉價勞工，香港成為了出洋勞工的大本營之一。大量英國和本地商人參與其中，從事勞工販賣的船隻都到香港補給燃料、食物與淡水，連帶航運業和造船業也得到發展。當時，不少外地礦主在香港招徵華人勞工，工人以「契約」形式僱用，形同賣身，故又稱為「賣豬仔」。

　　這些到異鄉謀生的「豬仔」帶動香港與北美洲之間的交易。相關商號將華人勞工販賣到「金山」後，再為他們採購各項土產，並協助他們匯款回鄉，在外匯找換上再賺一筆。這些業務涉及舊金山（三藩市）和新金山（墨爾本），故從事這門生意的商行統稱為「金山莊」。

　　南北行與金山莊的興起，帶動香港經濟發展，華商社會地位大為提升，也促進香港與澳美加等地的聯繫，是香港立足中國、聯通世界的歷史見證。

歷史知識知多點

香港華人富商

南北行與金山行的興盛造就了不少華人富商。1850 年成立的「元發行」是南北行的龍頭商號，由高滿華所創辦。開設金山莊「和興號」的李陞則從事出口華工、鴉片、錢莊、保險等生意，成為當時首屈一指的富商。他們營商致富後，克盡己責，回饋社會，二人都是東華醫院的創建者之一。

至於到外國發展的華僑，不少也有所成就：先施百貨創辦人馬應彪少年時隨同鄉到澳洲菜園打工；永安百貨創辦人郭樂和郭泉兄弟年青時於澳洲耕田種菜。他們稍有積蓄後，開設雜貨店，隨後更到香港發展，分別開設先施和永安百貨公司，成為中國百貨業的翹楚。

藏在身邊的史事

賣豬仔

我們常用「賣豬仔」來表示受人欺騙、出賣勞力、出賣他人等意思。這詞語其實源上上文提及的苦力買賣。當時華工的聘用條件苛刻，被迫簽訂「賣身契」，工作滿一定年期才獲自由。他們在到達目的地前，先要捱過長達三、四十天的艱苦船程，被囚於下層船艙，環境擠迫，空氣污濁，不少人更在途中因病而死。外籍船員視他們為畜牲，進食時以大木桶或鐵鍋盛載食物，讓他們圍著進食，形同餵豬，故人稱之為「賣豬仔」。

32
東華醫院落成

歷史悠久的東華三院，以「救病拯危」為己任，為市民提供醫療服務，至今已發展為本港著名慈善機構，提供多元化服務。要追溯東華三院成立的源頭，就要從 1869 年的「義祠醜聞」說起。

廣福義祠

廣福義祠醜聞，震驚社會

英國人立足港島之後，採取種族分隔政策，上環一帶成為內地來港謀生華人的聚居地。這些勞苦大眾大多出身貧寒，單身來港工作，得病而死後，無人殮葬，境況淒涼。有見及此，1851 年，14 名本港紳商請求港府在上環太平山區撥地，集資建立廣福義祠，暫時安放死者靈位，待其親友來港接返故鄉。

當時，因條件所限和管理不善，義祠環境衛生惡劣，室內遍佈病者的排洩物及嘔吐物。病故者的屍體無人即時處理，與垂死病人同處一室，仿如人間煉獄。1869 年 4 月 20 日，上環太平山街居民投訴廣福義祠臭氣薰天，署理總登記官李思德（Alfred Lister）前往調查，揭發事件。事件再經本地和英國報章大肆報道，驚動了英國殖民地部。港督麥當奴（Richard Macdonnell）下令義祠停止運作，並委任兩位議員負責調查。

興建中式醫院，服務華人

調查報告指出，義祠問題源於本港欠缺為華人而設的醫療設施。當時雖有幾所西式醫院，但只用西醫療法，不受華人信任，其收費亦非貧苦大眾所能負擔。有見及此，港督破天荒接見華人領袖，倡議興建一所中式醫院。港府撥出上環普仁街一塊土地，並資助籌建費用十一萬五千元。熱心公益的華人團體和海外僑胞熱烈響應，發起募捐，所得款項多達四萬七千多元，是原先估計的三倍。

位於上環普仁街東華醫院主樓地下的東華醫院禮堂，於1872年落成，不少東華三院的重要會議及大型活動曾都在此禮堂舉行。

東華醫院開幕，儀式盛大

　　1870年，立法局制訂《華人醫院則例》，規定新建醫院以免費診治貧病華人為宗旨。東華醫院大樓同年動工，1872年落成，是香港首間以中醫藥為病人治療的醫院。開幕典禮於2月14日舉行，先是盛大的巡遊儀式，隊伍途經華人住宅區，沿途吸引不少坊眾圍觀。到達上環文武廟後，東華醫院創院主席梁雲漢與另外12位總理（李陞、高滿華、黃勝等）加入行列。鳴放禮炮三響後，向中央書院方向進發，到達東華醫院，舉行拜祭神農氏儀式。採訪的西報記者稱之為「香港開埠以來一大盛事」。

　　香港開埠早期，只有街坊會、同鄉會等華人組織，上環文武廟則是華人社會商議事務和調解糾紛之地，仿如半官方的地方議會，是港島華人跟廣東政府之間的中介。及至東華醫院成立，其總理作為華人領袖，在處理醫院事務之外，更成為向政府反映民意的組織。首屆東華醫院總理黃勝，被視為最能夠與港英政府溝通的人士，日後也獲委任為立法局非官守議員。

歷史知識知多點

東華三院

　　為甚麼東華醫院會變成今日的東華三院？二十世紀，本港人口與日俱增，醫療服務需求日大，九龍和新界區更未設有醫院。為方便區內市民求醫，位於油麻地的廣華院在 1911 年落成。首任董事局主席正是華人立法局非官守議員何啟。

　　其後，上環東華醫院空間不足，港島東區也無醫院，當局於是在 1929 年在銅鑼灣建立東華東院。及至 1931 年，為整合資源和改善管理，東華醫院、廣華醫院及東華東院整合為「東華三院」，掀開香港醫療發展史的新一頁。

昔日的九龍廣華醫院，現已改建為東華三院文物館。

東華東院正門

🔍 藏在身邊的史事 🔍

廣福義祠

　　東華醫院落成後，廣福義祠收歸東華醫院管理。這座建於清咸豐六年（1856 年）的建築物至今仍在，已被列為二級歷史建築。因供奉客死異鄉的坊眾百姓，故又名「百姓廟」。義祠正門嵌上「廣福慈航」四字石額，供奉地藏菩薩和濟公活佛，是為上述一段歷史的見證。

廣福義祠已被列為二級歷史建築

33
維新運動與香港

鴉片戰爭以來，中國飽受西方列強侵略，有識之士紛紛設法救國圖強，提倡各種改革方案，清末的維新運動正是其中之一，而這場運動原來與香港大有淵源。

康有為

梁啟超

維新派人物在香港

維新派人物王韜曾於 1867 年到歐洲遊歷，親身體驗火車、電報、自來水等西方事物，又旁聽英國國會會議，稱讚其政治制度是「君民共主」。他回港後創辦《循環日報》，發表文章，評論政局，是中國第一批鼓吹變法救國，提倡君主立憲制的知識分子。此外，香港歷史上第三位華人立法局議員何啟，在《華字日報》撰文主張變法，又與胡禮垣合撰《新政真詮》，提出從政治、經濟、教育等方面改革中國內政。

倡導維新的港人還有《循環日報》編輯潘飛聲，他不但是香港報界的重要人物，更是維新派中堅分子。他常與康有為和梁啟超互相和應，發表及提倡各種改革意見，如建議參考德意志學校制度、提倡在西藏設置行省等。不難發現，當時香港受英國管治，知識分子對西方文化制度接觸較多，故積極提倡變法，開風氣之先。

康有為受香港啟發

至於維新運動的關鍵人物康有為，21 歲的他在光緒五年（1879年）初次來港，目睹英國治下的香港，西式建築宏偉瑰麗，道路潔淨井然，警察制度有效維持治安，方知道西方人治國有道，並非普遍中國人眼中文化落後的夷狄。此行令他深受啟發，進而廣泛閱讀有關西方政治社會的書籍，奠定其維新思想。

維新失敗後逃到香港

光緒二十四年（1898 年），光緒帝任命康有為開展變法，推動一系列改革，史稱戊戌變法。不過，受到保守派大臣掣肘，最終大權在握的慈禧太后發動戊戌政變，結束變法。變法失敗後，清廷捕殺維新人士，康有為逃到天津，翌日乘坐英國太古洋行商船重慶號逃往上海，再轉船南下香港。

康有為到港之日，香港警察司梅含理（Francis May）和商人何東乘船在鯉魚門海峽迎候；康有為在中環登岸時，多位港英高官到場迎接。港督卜力（Henry Blake）還安排他在中區警署逗留一星期，嚴加保護。局勢平靜後，康有為入住香港首富何東位於半山西摩道的府第。何東還把康有為的家眷帶到香港團聚，兩人因此結下深厚情誼。留港兩星期後，康有為經日本到加拿大，成立「保皇會」，以「保救大清光緒皇帝」為宗旨，繼續其維新事業。

《德臣西報》1898 年刊登對康有為的訪問

《德臣西報》1898 年刊登康有為逃亡到香港的消息

康有為與何東情誼深厚，康有為曾送贈對聯予何東，對聯現存放於東蓮覺苑。

歷史知識知多點

清朝的改革運動

清朝中葉後共進行了三次改革運動，力求借鑑西方國家的科技和制度，擺脫國家備受列強侵略欺凌的命運。

推行時間	改革運動
1861 至 1895 年	清政府推行洋務運動，引進西方軍事科技和工業文明，建設兵工廠，修建鐵路，成立海軍，派幼童赴美留學等，力求富國強兵。
1898 年	光緒皇帝支持康有為推行維新運動，內容超越洋務運動的軍事和經濟，進而涵蓋政治和教育等方面，但因守舊派反對，改革持續僅 103 天即宣告失敗。

| 1895 至
1911 年 | 孫中山成立興中會，提倡革命運動，主張以武力推翻清朝，建立共和政體，最終在 1911 年發動辛亥革命，成功推翻清政府，建立中華民國。 |

藏在身邊的史事

一代富商何東

何東於 1862 年生於香港，是歐亞混血兒，畢業於香港中央書院。他學成後先任職廣東海關，再出任商行買辦，後來自行創業，業務多元化，生意遍佈世界各地。1950 年全港的地產物業，竟然有百分之三是何東私人擁有，故被公認為「香港首富」，他也是首位獲准在半山區居住的中國血統人士。以他及其夫人命名的街道和地方有九龍塘何東道、港鐵火炭何東樓車廠、山頂何東花園（已拆卸）、銅鑼灣何東中學、港大宿舍何東夫人紀念堂等。

香港富商何東曾接待逃亡來港的康有為。圖為以何東命名、位於銅鑼灣的何東中學。

34
新界租借

　　1997 年 7 月 1 日，中國政府對香港恢復行使主權，結束英國對香港百多年的殖民管治。大家有否想過為甚麼政權交接的儀式要選在這一天進行？

英軍在大埔舉行升旗儀式

港英政府有意佔據新界

《北京條約》簽署後，香港的高官和英商認為所佔領土太少，加上界限街無險可守，早已有所不滿，所以在 1864 年擅自擴展邊界，侵佔界限街以北的深水埗。之後，港府秘密制訂拓展邊界計劃，但英國國防部未有接納。1894 年，清廷在甲午戰爭中慘敗於日本，被迫簽訂喪權辱國的《馬關條約》，國勢一落千丈。當時，港督威廉・羅便臣（William Robinson）再次提出請求，認為要趁機向中國施加壓力，以「保護香港的需要」為藉口，擴大英國在香港的界址。由此可見，英國人侵佔新界的企圖由來已久，只在等候行動的時機而已。

英國趁機租借新界 99 年

1898 年（光緒二十四年），德國政府強行租借山東膠州灣，西方列強紛紛提出苛索，興起一股瓜分中國、強行租借沿岸港灣的風潮。同年，英國以武力威脅，要求租借山東威海衛，並要求拓展香港界址。1898 年 6 月 9 日，清廷被迫簽訂《展拓香港界址專條》，將界限街以北至深圳河的廣大土地及附近二百多個島嶼租借給英國 99 年，條約於同年 7 月 1 日生效，而這塊英國新佔的土地就命名為「新界」。

必須指出的是，這條約是

租借新界時，清廷要求保留九龍寨城的主權，城內衙門由清兵駐守。

一個以損害中國主權和領土為代價，使英國單方面受益的不平等條約。可幸當時清廷極力爭取，將損失減低，例如要求保留九龍寨城的主權、堅持只租借新界 99 年等。其實，英國人最初是要租借新界 100 年的，但終被清廷拒絕。據說當時有「事實佔領」的國際慣例，就是某一國家佔領某片土地 100 年或以上，那麼不論這土地之前有沒有主人，其主權在 100 年後都會被轉讓。

英國正式接管新界

1898 年 6 月，英國殖民地部大臣張伯倫（Neville Chamberlain）派遣香港輔政司駱克對新界作實地調查，寫成《香港殖民地展拓界址報告書》，勘察和劃定邊界，搜集有關新界的地理環境、人口數字、經濟條件等資料。1899 年 3 月，警察司梅含理率部下到達大埔運頭角的一個小山上搭建警棚，準備接收新界。之後新界鄉民反抗，港督卜力派加士居少將（W. J. Gascoigne）出兵增援，在 4 月 16 日於大埔舉行升旗儀式，正式接管新界。

舊大埔理民府，英軍接管新界後即建成，以加強當地管治。建築物現用作童軍活動中心。

舊大埔警署，建築物坐落的山頭是 1899 年英軍舉行接管新界升旗儀式之地。該警署現活化為綠匯學苑。

歷史知識知多點

列強租借港灣與劃分勢力範圍

1895 年,《馬關條約》簽訂,中國被迫割讓遼東半島予日本。俄國政府為免日本勢力過分膨脹,聯同法國、德國迫使日本退還,令中俄關係日趨密切。1896 年,李鴻章參加俄國沙皇加冕典禮,俄國乘機誘使中國簽訂《中俄密約》,俄國獲准修築中東鐵路,並使用中國港口,把勢力伸進中國東北地區。之後,德國政府強行租借山東的膠州灣,導致其他列強亦紛紛在中國強佔港灣,掠奪鐵路修築權和劃分勢力範圍,中國幾乎陷於被瓜分之局面,而英國租借新界就是在這時期發生。

🔍 藏在身邊的史事 🔍

新界租借與香港地名

在租借和接管新界的過程中,不少港府官員曾經參與,香港的一些街道或地方也以他們的名字命名。

地方／街道	相關的歷史人物
灣仔駱克道	以調查和考察新界的輔政司駱克命名
港島半山梅道	以帶領警隊進駐大埔、舉行接收儀式的梅含理命名
九龍加士居道	以領軍增援登陸吐露港、協助接收新界的少將加士居命名
上環卜公花園	以任內主張佔領和接收新界的港督卜力命名

35
新界保衛戰

根據《展拓香港界址專條》，英國人於 1898 年 7 月 1 日「接管」新界。然而，由於當時英國人對新界所知不多，新界的範圍也未有具體劃定，於是英國殖民地大臣張伯倫曾先派香港輔政司駱克到新界實地調查，然後再決定實際接管的時間。1899 年 3 月，中英兩國簽訂《香港英新租界合同》，確定新界北部與中國的陸上界線，港府才開始準備正式接收新界。

新界保衛戰

英國人調查新界狀況遇阻

值得注意的是，駱克到新界調查期間，屢遇村民的反抗，例如吉慶圍村民曾關上鐵門，堅拒駱克入內，駱克要調來 75 名士兵和 2 台馬克沁機關槍，方能順利進入。當時，新界鄉民對英國統治極為抗拒，主要是擔憂英國人會影響其土地權益；而港英政府表示會盡量維持現狀的方針，亦未能有效傳達至鄉民耳中。

1899 年 4 月 3 日，警察司梅含理進入大埔新墟（今富善街太和市）調查，與鄉民因搭建接收儀式蓆棚的位置發生爭執。當天晚上，鄉民焚毀蓆棚，襲擊英方人員。翌日，增援的英軍抵達，事件暫時平息。稍後，港督卜力宣佈將於 17 日接管新界，並在各地張貼告示。新界鄉紳群情激憤，五大氏族便聯同各地鄉民，於元朗舊墟的東平社學成立太平公局，號召各村派出鄉勇合力抗英。

梅含理曾到大埔文武廟會見當地鄉紳被驅趕

新界鄉民群起反抗

4 月 14 日，大埔鄉民再度焚毀
升旗禮的蓆棚，宣告新界鄉民武裝抗
英正式開始。次日，梅含理和駱克率
領軍警百餘人進入大埔，重修和保護
蓆棚。此時，埋伏已久的數千鄉民以
舊式火槍和火炮，發動攻擊。鄉民人
多勢眾，士氣高昂，英軍一時陷入困
境。4 月 16 日，增援的英艦名譽號趕
到，以重炮攻擊鄉勇在山頭的陣地，
眾人被迫撤退。港督卜力見鄉民頑強
抵抗，再派兩艘英艦增援，並匆匆舉
行升旗儀式，以示正式接管新界。

THE TAKING OVER OF THE NEW
TERRITORY AND THE NATIVE
OPPOSITION.

(*Daily Press*, 17th April.)

The anticipation of the date of hoisting
the flag on the new territory and the
abandonment of the public ceremony that
was to have attended it will have caused
considerable public disappointment, not
unmixed, perhaps, with some little amuse-
ment. The new territory has been taken
over, but without the *éclat* that was to have
attended the event, and the public has been
deprived of what was looked forward to as a
pleasant little outing and an opportunity of
indulging in an outburst of patriotic fervour.
To-day will still be nominally observed
as a public holiday, but there will be no
flag-hoisting ceremony, it having been found
necessary to hoist the flag yesterday and
assume sovereignty over the territory in
order to suppress the opposition that was
being arranged. The circumstances will no
doubt give occasion for reflections on the
little wisdom with which we are governed,
and for gibes at official ineptitude.

For days past the opinion has been
freely expressed that the ceremony ar-
ranged for to-day would not take place
without a hitch. The mistake made by the

1898 年《孖剌西報》刊登有關英
軍進攻新界和在大埔匆匆舉行升
旗禮的消息

鄉民力戰而敗，英軍管控新界

4 月 17 日，數千鄉勇進襲英軍在大埔的營地，重創敵人，
然後退入林村內埋伏。英軍進入林村谷，遭到伏擊，被迫退至上
村。不久，另一隊英軍趕到，新界鄉勇再次反攻，但力戰而敗，傷
亡慘重。英軍乘勝追擊，在元朗八鄉殺傷大量鄉勇後，進攻元朗鄧
族的屏山和錦田，攻入吉慶圍和泰康圍，並將這兩個圍村的鐵門當
作「戰利品」掠去。4 月 19 日，多路英軍進佔屯門、荃灣等地，
參與抗爭的鄉村紛紛投降，史稱「六日戰爭」。

元朗錦田吉慶圍的圍牆保留至今

歷史知識知多點

新九龍的誕生

　　上文提及《展拓香港界址專條》劃定了九龍界限街以北，至深圳河以南土地為租借範圍。根據這劃分方法，九龍區的長沙灣、美孚、黃大仙、樂富、觀塘等地，都屬於新界範圍。然而，為甚麼它們在今日會被視為「九龍」一部分呢？

　　原來港府有見九龍區發展一日千里，土地不足應用，於 1937 年提出「新九龍」的概念，從新界區劃出 36.6 平方公里的土地，作為九龍的一部分。自此以後，九龍的範圍就包括了獅子山以南至飛鵝山的沿海地區，區內居民如衙前圍村等也失去了「原居民」的權益。

藏在身邊的史事

吉慶圍的大鐵門

　　吉慶圍的大鐵門代表新界鄉民抗英的英勇事蹟。英軍佔領鄧族吉慶圍後，將鐵門拆下作為「戰利品」，同時泰康圍的鐵門也被奪去。1900 年，卜力卸任返英時，將兩道鐵門運到他在愛爾蘭的別墅「紫微樹林（Myrtle Grove）」作裝飾。1924 年，鄧族向港府要求取回鐵門。港府為表中英關係和睦，翌年歸還鐵門，但只有一對鐵門被運回吉慶圍，泰康圍就只剩下一道鐵門檻。1925 年，港督司徒拔（Reginald Stubbs）到錦田村主持交還儀式。目前吉慶圍正門旁邊仍有銅刻碑記誌明此事。

曾被送到英國的吉慶圍鐵門

36
鼠疫橫行

〜〜〜〜〜〜〜〜〜〜〜〜〜〜〜〜

　　英國管治香港後，人口急速增長。當時的香港地少人多，政府於沿海旁的上佳地段和中環一帶興建西式樓房，將該區的居民遷至預留華人居住的太平山區。

環境惡劣藏疫因

　　太平山區被夷平，發展規劃成不同的街道，包括早期的東街、西街和兩者之間的水巷等。這些地區的房屋愈建愈密，擁擠得沒有一點空間。一些貪心的屋主為了收取更多的租金，將房間劃為多間密不通風的小房和閣樓。屋內沒有自來水供應，也沒有適當的排污渠和廁所等設備。一些住客更會在家中飼養豬隻等牲畜，結果樓宇內的排洩物增加，街道及四周的污渠充斥垃圾雜物，臭氣沖天，衛生惡劣。疫症隨時發生。

外來疫病引爆發

十九世紀末，因當地回族起事和鴉片貿易帶來人口流動，鼠疫慢慢在中國南方傳播，雲南爆發了鼠疫。1894 年 2 月，廣州出現鼠疫，其後香港鼠疫亦在同年 5 月出現大爆發。5 月 8 日，國家醫院署理院長詹姆士・婁遜（James Lowson）在東華醫院確診了第一宗病例，兩日後更發現二十多宗疑似病例。署理港督白加少將（George Barker）在 5 月 10 日根據《公共衛生條例》宣佈香港成為疫埠。

全面抗疫

5 月 12 日，政府在《香港政府憲報》公佈一系列防疫政策，包括：受感染地區房屋的水渠必須經常清洗及消毒；曾有感染個案的房屋都必須消毒；所有病人及照顧者的衣服，一律要燒毀；醫療船「海之家（Hospital Hulk Hygeia）」將會停泊在維多利亞港的中央收留隔離病人等等。當時，全港鼠疫病例中，約一半在太平山區爆發。在鼠疫高峰期時，政府封鎖了區內約 10 英畝的土地，遷移居民。後來，疫情受控後，政府通過《太平山物業收回條例》，指出區內大部分樓宇不宜居住，決定收回並拆卸，繼而重新規劃街道。

除了防疫外，政府另一重要抗疫措施便是治療。政府於上述的醫療船「海之家」收留隔離病人，同時設立專為醫治鼠疫病人的堅尼地城醫院，由堅尼地城警署改建而成；第二間鼠疫醫院是由堅尼地城舊玻璃廠改建而成的中醫隔離醫院（即東華醫院分局），可惜

在鼠疫後期因衛生條件日差，政府決定在堅尼地城再修建一間鼠疫醫院，即屠宰場醫院（Slaughter House Hospital），由東華醫院管理。東華醫院醫生根據中醫方法治療患者，同時也接受政府醫生的監督。當屠宰場醫院建成後，原有的中醫隔離醫院經過消毒後便隨即關閉。另外，一些華人士紳亦在九龍荔枝角興建醫院來收治鼠疫患者。

醫護隊救護鼠疫患者

根據《申報》所載，廣州和香港的疫情持續了大約三、四個月，到 1894 年 8 月，香港的疫情才逐漸消失。當時，香港官方公佈的死亡數字為 2,552 人。其後，鼠疫在香港並未完全根治，幾乎每年都會復現，猶如風土病。

歷史知識知多點

政府衛生政策

1894 年的香港鼠疫雖為社會帶來苦困，同時迫使政府改變其衛生政策。昔日的政府多重視洋人的衛生問題，經歷鼠疫後，政府在醫療衛生上的角色有所改變，作出如執行衛生法例、加強衛生潔淨服務、向華人提供西醫治療、增強衛生健康教育等措施。

香港醫學博物館位於上環，內有重現研究鼠疫的展覽。

🔍 藏在身邊的史事 🔍

卜公花園

　　卜公花園以港督卜力命名，這是首個為華人而設的公眾花園。花園原址便是太平山街密集的樓房區，曾發生多宗鼠疫個案。後來，政府通過《太平山物業收回條例》，將當地改建為街道。1903 年，港督卜力向殖民地部提

卜公花園內記述鼠疫紀念牌

出，太平山區必須預留一些土地作為公共空間和花園等用途，以舒緩區內擁擠的居住密度，避免疫症悲劇再現。1905 年 8 月 22 日，花園建成後開放給公眾使用。在公園入口有一紀念牌，記錄了 1894 年鼠疫的歷史。

37

西式學校發展

香港自古以來是中國的一部分。明清時期，香港教育與內地無異，實行中式教育，配合科舉制度。1840 年鴉片戰爭爆發後，英國通過一系列不平等條約強佔香港。香港教育從此走上和內地不同的發展道路。

早期中文學塾發展

英國強佔香港初期，主要思考如何建立有效管治和推動經濟發展等，對教育發展不太重視。當時，政府將教育交給聖公會、天主教會和英國倫敦傳道會等宗教團體去推動。早期的教會學校有馬禮遜學堂，它於 1842 年 11 月由澳門遷到香港，但因收生不足，在 1850 年停辦。同時，由倫敦傳道會成立的英華書院在 1843 年從馬六甲遷到香港中環，翌年興建士丹頓街校舍，但在 1858 年停辦，

至 1914 年才復辦。至
於在本地成立的第一間
學校，即是 1851 年成
立的聖保羅書院。

當時，大多華人憎
恨英國侵略者，不太願
意入讀傳教士開辦的學

聖保羅書院舊址，現為聖公會會督府。

校，因此，中文書塾發展較盛。1847 年 12 月 6 日，政府在《香港
政府憲報》宣佈以每月 10 元資助三間中文學塾，並設立教育委員
會負責監管。1851 年，受政府資助的學塾增至五間。政府會向這
些受資助的中文學塾提供教室和教師薪金。這些學校開設初級中
文、中國經典、地理和英文等科目。1854 年，這些學塾全歸政府
接管，稱為皇家書館。1857 年，政府設立視學官，負責巡查。當
時，視學官根據《皇家書館則例》進行監管，如書館要有班級管
理、完整學生出席登記表和教學紀錄等。這是香港最早的學校教育
管理條例。

重英輕中的教育轉變

1851 年，太平天國起義爆發，一些內地居民遷居香港，適學
兒童大增。1862 年，中央書院成立，首任校長是史釗域（Frederick
Stewart）。該校開辦初期，以華人學生為主，華語和英語並重，後
來逐步改以英語教學為主。1878 年，中央書院將每天學習中英文
各四小時的課程安排改為五小時英文教學和兩小時半中文教學。英

文定為必修課,中文則改為選修。同時,所有官立學校也要求講授英語,正式確定重英輕中的教育政策。監管方面,教育委員會在 1865 年改組為教育司署,負責監管全港所有官立學校。由此開始,香港教育脫離教會控制,由政府官員管理,直接向港督交代。

具有教會背景的聖士提反女子中學,其招生廣告中亦強調注重英文教育。

政府加強監管教育

1911 年,辛亥革命爆發,港英政府擔心內地政治會滲透到香港學校。為加強香港學校監管,立法局在 1913 年 8 月 8 日通過《1913 年教育條例》。這是香港有史以來首次經立法程序通過的教育法規。《教育條例》公佈後,所有的公、私立學校均須接受政府監督。未經正式註冊的學校會被視為非法學校,辦學者會被起訴罰款。條例頒佈實施後,教育司視察的學校由 60 間急增至 1,200 多間。

專上教育發展里程碑

十九世紀時,除 1887 年成立的西醫書院外,香港並沒有其他大專學校。西醫書院完全以英國教育模式來辦學,課程與英國醫科學校無異,任教者多為居港的外籍醫生。二十世紀初,政府希望加

強發展本地專上教育，決定在香港創建一間大學。1911 年 3 月，香港大學根據《大學條例》而創立，當時西醫書院併入其中，成為醫學院。1912 年 3 月 11 日，大學落成啟用。文學院、工程學院和醫學院是大學創始的學院。1916 年 12 月，香港大學舉行第一屆學位頒授典禮，成為香港第一間可頒發學位的高等院校。自此，香港建立出小學、中學至大學的完備教育體制。

歷史知識知多點

中央書院

中央書院在 1862 年創校，這是香港第一間由政府開辦的學校。學校在 1889 年改為維多利亞書院，再在 1894 年改為皇仁書院。中央書院提供的教育課程包括高小和中學。直至 1890 年庇理羅士女子中學落成前，中央書院是本港唯一的官立中學。中央書院有不少校友，成就非凡，對內地和香港有重大貢獻，包括何福議員、何啟爵士、何甘棠先生、何東爵士和孫中山先生等。

中央書院原址，現址上環元創坊仍保留原有的石牆和梯級。

銅鑼灣皇仁書院校舍

🔍 藏在身邊的史事 🔍

香港西醫書院和雅麗氏醫院舊址

　　香港西醫書院設立時，附設於雅麗氏醫院，位於香港中環荷李活道 77 至 81 號。1887 年，何啟和倫敦傳道會創建雅麗氏醫院，並於醫院內設立香港西醫書院，培育醫學人才。同年，孫中山由廣州博濟醫院轉入讀該校學醫。1892 年，孫中山以優異成績畢業。後來，香港大學建成，西醫書院併入其中。雅麗氏醫院遷至般咸道 2 號，改名為雅麗氏何妙齡那打素醫院。現時，西醫書院舊址已納入孫中山史蹟徑，並設有紀念牌介紹有關古蹟的歷史事蹟。

孫中山

38
九廣鐵路建造

　　1840 年鴉片戰爭爆發後，列強紛紛來華爭奪利益。鐵路運輸速度快、載客貨量亦大。清政府也明白鐵路發展的重要性，並給予支持。1898 年 5 月 13 日，香港上海滙豐銀行與怡和公司組成的中英銀公司和中國鐵路總公司新任督辦大臣盛宣懷達成協議，取得興建由廣州至香港的鐵路特許經營權。
同年 6 月，清政府和英國簽訂《展拓香港界址專條》，英國政府得以租借新界 99 年。港英政府希望加速交通發展，加強競爭力。

新舊九廣鐵路列車

九廣鐵路工程開展

1904 年，港英政府負責融資、興建和營運位於香港範圍的鐵路路段（英段），並以羅湖為終點。餘下由羅湖至廣州（華段）的鐵路則由中英銀公司代清

九廣鐵路大埔墟車站

政府透過貸款來籌集資金和負責興建。1906 年，英段鐵路工程開展。鐵路全長 22 英里，途中有 5 條隧道和 48 座橋樑等。鐵路工程困難重重。當時，鐵路工地大多是荒野和農田等，工程師和工人要居住於工地附近。由於環境惡劣，有些人患上瘧疾、腳氣病等病症，病情嚴重者更不幸逝世。另外有三位工人因火藥爆炸而亡。

艱巨工程挑戰重重

當時，最艱巨的工程在於開鑿煙墩山隧道。該處位於山峽，衛生條件欠佳，引致爆發瘧疾。當時，一些工人篤信風水命理，認為貫通煙墩山或會得罪山神，導致聘請工人出現困難。直至 1908 年，政府招聘一些由南非礦場回港的工人，情況才有改善。另一方面，香港從未興建過鐵路，缺乏經驗。因此，政府聘請一些曾在印度參與興建鐵路的工人和曾在雲南參與興建鐵路的意大利人來港協助。

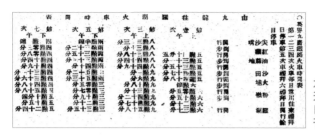

九廣鐵路通車前數天（1910 年 9 月 26 日），《華字日報》刊載其班次時間表。

啟用通車開新時代

1910 年 10 月 1 日，耗資 130 萬英鎊建造的英段鐵路終於落成啟用。當天，不少士紳名流貴賓在下午 3 時於尖沙咀出席通車典禮。主禮嘉賓是時任署理港督梅含理爵士，其他貴賓包括代表兩廣總督魏瀚

舊尖沙咀火車站鐘樓

先生（日後華段鐵路公司總辦）、英段鐵路總經理林賽先生（E. S. Lindsey）等。當時，永久的尖沙咀總站仍未落成。香港九龍貨倉公司借出部分尖沙咀貨倉作為臨時車站。主禮嘉賓在儀式後立刻登上蒸汽機車及五節豪華車卡，陪同 350 名貴賓首航至羅湖。一眾嘉賓到達羅湖車站後，享用下午茶點，然後再乘火車於晚上 7 時許返回尖沙咀。正式服務則在 10 月 2 日展開，首批乘客有 240 名，在該天下午 2 時 30 分出發，試乘本港新式的交通工具。

歷史知識知多點

九廣鐵路兩條支線

　　九廣鐵路曾有兩條支線，分別是沙頭角支線和和合石支線。沙頭角支線現已停辦拆除。這是一條連接粉嶺車站及沙頭角邊境的鐵路，目的是推動新界東北交通運輸。沙頭角支線在1912年4月1日通車。整條支線有五個車站。1924年，沙頭角公路建成，走線和沙頭角支線重疊。當時鐵路班次不多，車速又不快，故民眾大多選擇公路，放棄鐵路，結果沙頭角支線載客量暴跌，最終在1928年4月1日停辦。

　　和合石支線現已拆除。和合石支線位於粉嶺站以南，向南繞過和合石村前往和合石墳場。和合石支線主要方便日常運送遺體到和合石墳場和火葬場等，亦在清明節和重陽節接載掃墓的乘客。1945年，日本戰敗後，墓地需求日增，政府遂在和合石興建墳場。和合石支線成為墳場交通安排，在1949年10月15日通車。隨著1960年代粉嶺道路交通發展，鐵路運載棺木的功能逐漸被靈車取代。1968年底，九廣鐵路停止鐵路靈柩運送服務，只改為每年清明節和重陽節期間接載掃墓人士。1980年代，粉嶺經歷新市鎮發展及和合石村南移，至1983年和合石支線在清明節後停辦。

藏在身邊的史事

孔嶺車站

　　孔嶺車站是沙頭角支線的車站，位於粉嶺孔嶺沙頭角公路旁，近坪輋路，為整條沙頭角支線唯一尚存的建築物。車站在1911 年動工興建，自 1912 年 4 月 1 日隨著沙頭角支線通車而啟用。其後沙頭角支線因載客量下跌導致連年虧損，最後在 1928 年 4 月 1 日停止服務，孔嶺車站亦因而關閉。孔嶺車站屬於鄉郊車站，設計以簡單實用為主，與一般鄉村建築物無異。建築物共有五個房間，用作候車室、洗手間和售票處等，售票處房間更設有火爐和煙囪等設施。孔嶺車站關閉後，政府曾將其用作工務局倉庫。近年，政府在車站外圍興建保護鐵絲網。1998 年，此車站被古物古蹟辦事處列為香港三級歷史建築。

39
香港大學成立

十九世紀中葉後，香港人口增加，經濟發展日盛。1880 年，港督軒尼詩曾成立專門委員會，探討可否將中央書院升格為大學，可惜礙於條件未成熟，計劃最終擱置。1887 年，在何啟等士紳努力下，香港西醫書院成功創立，為日後香港建立綜合式大專學院奠下良好的基礎。1903 年，清朝政府宣佈廢除科舉，進一步加速西式教育在華的發展。

香港大學紋章

建立大學抗衡日本影響

1905 年 12 月 15 日，《德臣西報》刊登一篇題為〈在香港設立一所帝國大學〉的社論，其中提到：「日本政府正花費巨額金錢，在中國傳播它的思想和擴充影響

1908 年《華字日報》有關建議創建大學的報道

力，並確保它的投資所值。在此點上，日本人是夠聰明的⋯⋯。在香港設立大學，會成為一個帝國的投資，對於英國發展來說，為此目標使用一筆公費是有價值的⋯⋯如果我們不這樣做，正如一位皇室人物所說的：『二十世紀的遠東是屬於日本的。』」英方在香港設立大學，有助在中國傳播思想文化和擴充影響力，長遠有利英國主導遠東，抗衡日漸強大的日本。

盧吉推動港大成立

1908 年 1 月，港督盧吉（Frederick Lugard）在聖士提反書院畢業典禮上致辭，指香港已發展成大城市，獨欠一所大學，略嫌美中不足，所以希望效法西方，在香港創辦大學。盧吉提出建議後，印度著名巴斯裔商人和慈善家麼地（Hormusjee Naorojee Mody）率先捐出 15 萬元用作興建大學校舍，再捐出 3 萬元用作營

運經費。後來，各方人士紛紛鼎力支持，
如英資商企太古、怡和，華資商人何東、
何啟、曹善允等皆先後慷慨贊助。兩廣總
督張人駿覺得建立香港大學有助國人獲取
西方知識，亦籌措了 20 萬元捐款。

大學開創教育新時代

商人麼地銅像

　　經過商議，大學校址最終決定在般咸道和薄扶林道的交匯
處，由政府撥出土地興建。1910 年，香港大學本部大樓進行奠基
儀式。1912 年 3 月 30 日，大學命名為「香港大學」。同年 9 月，
首屆學生入學。儀禮（Charles Eliot）獲聘出任校長。最初，香港
大學只有醫學院和工程學院，並設有選科漢文科，供學生選擇。
1913 年，大學增設文學院，作為大學初期三大學院。大學初期只
准男生入讀，至 1921 年，才開始收錄女生。

1910 年港督盧吉為香港大學
奠基的碑石

歷史知識知多點

香港大學中文學院

　　香港大學成立初期只有醫學院和工程學院，翌年增設文學院，開辦中文課程。當時中文科僅是一年級生的選修科目，由賴際熙和區大典兩位前清太史擔任專席講師。及至港督金文泰（Cecil Clementi）主政後，開始大力推動中文教育，1926年，兩位太史向大學提議改革中文科，設立華文部（Department of Chinese），在原有史學和經學的基礎上增辦「文詞學」。當時，身兼大學校監的金文泰支持他們的建議。1927年，中文學院成立，由賴際熙領導。富商鄧志昂捐資六萬餘元興建教學大樓，馮平山亦捐款十萬元興建圖書館大樓，兩座樓宇分別在1931和1932年啟用。1933年，文學院經過改組，中文學院被納入文學院，改稱中文系（Department of Chinese）。1950年代初，中文系遷至大學本部大樓，鄧志昂樓曾改作不同用途，如在1982至2012年期間作亞洲研究中心，現為饒宗頤學術館。2006年，文學院再度改組，中文系升格為中文學院，成為文學院的重要部門。

香港大學中文系曾位於大學本部大樓

藏在身邊的史事

香港大學本部大樓

　　香港大學本部大樓在 1910 年開始動工，1912 年落成啟用，由著名商人和慈善家麼地爵士捐資興建，為校園內最古老的建築物。大樓樓高三層，佈局工整，由紅磚組成，由多枝古典愛奧尼式花崗石石柱支撐。正面中央的鐘樓作為中軸線，每邊各有角樓兩座。入口門廊和東、西兩面的牆上均有三角形山花飾。在日佔時期曾用作臨時醫院，後期大樓遭受嚴重破損。大學直至 1946 年 10 月才復課。1984 年，香港大學本部大樓外部被列為法定古蹟。

40
孫中山先生來港記

　　孫中山，幼名帝象，其後改取單名文。他在 1899 年 11 月 12 日出生於廣東香山（即今中山）翠亨村農耕之家。1879 年，孫中山 10 歲時和母親離開家鄉至美國檀香山與兄長孫眉重聚。之後，他入讀火奴魯魯意奧蘭尼學校（Iolani School），初次接觸西式教育，畢業後升讀奧阿厚書院（Punahou School）。後來，孫中山希望受洗信奉基督教，被兄長孫眉安排回國。

來港求學習醫

　　孫中山回國後，後在 1883 年藉夏威夷聖公會主教的介紹信，入讀位於西營盤的香港拔萃書室，即今天香港拔萃男書院的前身。其後，他在必列者士街公理會佈道所綱紀慎會堂受洗成為基督徒。1884 年，他入讀位於歌賦街的中央書院。1886 年，他經喜嘉

理教士（Charles Hager）推薦，入
讀美國傳教士創辦的廣州博濟醫院。
1887 年，他經廣州博濟醫院尹文楷
醫生的外父區鳳墀推薦入讀何啟等人
創辦的香港西醫書院。畢業後，他於
1892 年赴澳門懸壺濟世。

拔萃男書院，前身為孫中山曾入
讀的拔萃書室。

醫人不及醫國

　　香港開埠初期，在港華人相比內地擁有較多言論自由。一
般來說，只要言論未引致清政府強烈反對抗議，香港政府大多不
干預。孫中山就讀西醫書院期間，面對國家日漸衰落，常與陳少
白、尤列和楊鶴齡聚首談論國事。四人大談事政，肆言反清救
國，因此被時人稱為「四大寇」。孫中山學友陸燦有一段回憶，指
孫中山認為設法使慈禧太后為臣民做些好事，比行醫更有用處。孫

「四大寇」
左起：楊鶴齡、孫中山、
陳少白、尤列

中山曾告訴一位朋友說：「如果我做醫生，我一次只能治好一個病人；如果我幫助中國獲得解放，我能同時治好四萬萬人！」

港大演講留言

　　1923 年 2 月 20 日，孫中山在香港大學演講，指出其革命思想源自香港。據《華字日報》報道，孫中山在演講中，首先交代他對香港的情感，指出返香港猶如返家鄉一樣。他說以前在香港讀書，教育在此得來，更明確交代：「吾今直言答之：『革命思想係從香港得來。』」他更憶述 30 年前的家鄉香山縣在衛生和治安等各方面也不及香港。他為了爭取各界支持國家事業發展，除了在香港大學演講外，他更出席滙豐銀行總裁史提芬（Alexander Stephen）的歡迎會，出席者中有不少香港富商，包括馬應彪、郭泉、杜澤文等。此外，出席者更有香港工團總會、華工總會和海員工會等工人領袖等。由此可見，孫中山的學業和革命事業也與香港關係密切。

據報道，孫中山於 1923 年訪港，除了到香港大學演講外，亦與香港工商界人士會面。

歷史知識知多點

孫中山拒擔任清官

　　1892 年 7 月，孫中山和同學江英華畢業於香港西醫書院。根據江英華憶述，港督羅便臣曾致函北京英公使，託英公使問北洋大臣李鴻章，事關孫中山和江英華學識良好，能耐勞苦，可否推薦予清政府任用。後來，李鴻章回覆表示可安排兩人到北京等候官職空缺，暫付每人月俸五元，並給予欽命五品軍牌。當時，兩人前往廣州，先向兩廣總督領牌，之後上京。可惜，總督衙門諸多為難，要求兩人填寫三代履歷等，才可以領牌。孫中山盛怒難消，毅然返港，遠離官場。後來，孫中山去了澳門行醫，醫術雖獲得好評，卻受到澳門葡萄牙醫生排斥。1894 年，他回到廣州冼基開設中西藥局，繼續行醫。醫人之餘，他繼續思考醫國的策略。

位於孫中山紀念館的孫中山先生像

🔍 藏在身邊的史事 🔍

孫中山史蹟徑

　　孫中山史蹟徑是紀念孫中山先生的歷史文物徑。這條歷史文物徑由中西區區議會在 1996 年設立，藉以紀念孫中山先生誕辰 130 週年。2006 年，孫中山紀念館建成。西區區議會、建築署和旅遊事務署等斥資 400 萬元修葺史蹟徑。修訂的孫中山史蹟徑以香港大學為起點，途經般咸道至德己立街為終點。整條文物徑全長 3.3 公里，全程需時 120 分鐘。景點共有 16 個。

	景點	地址	與孫中山的關係
1.	香港大學	般咸道94 號	孫中山於 1887 至 1892 年就讀的香港西醫書院，終在 1912 年併入香港大學成為醫學院。1923 年 2 月 20 日孫中山在香港大學陸佑堂公開演說，曾提及「香港與香港大學是我的知識誕生地」。
2.	拔萃書室	東邊街	1883 年底，孫中山到香港求學，入讀聖公會開辦的拔萃書室（即今拔萃男書院），翌年 4 月轉讀中央書院。
3.	中國同盟會招待所	普慶坊62 號	1905 年，孫中山在日本東京創立中國同盟會，並出任總理；而中國同盟會香港分會則在同年年底成立。
4.	美國公理會福音堂	必列者士街2 號	孫中山就讀拔萃書室和中央書院期間，在必列者士街 2 號的美國公理會福音堂（今中華基督教會公理堂）居住。後來更在此受洗，成為基督徒，取教名日新。

5.	中央書院	歌賦街 44 號	於 1862 年創辦，當時稱為大書館，為本地首間提供西式現代教育的官立中學，培養出大批具備中西文化視野的雙語精英。孫中山於 1884 年 4 月 15 日升讀高中，直至 1886 年畢業。
6.	「四大寇」聚所楊耀記	善慶街 2 號	孫中山習醫期間，經常與尢列、陳少白、楊鶴齡等友好聚於楊鶴齡的祖業楊耀記內討論時局，甚至暢談革命。因此，時人稱之為「四大寇」。
7.	楊衢雲遇刺處	百子里公園	1895 年，楊衢雲加入香港興中會總會，並擔任會長，先後參與廣州和惠州起義，都以失敗告終。1900 年起，楊到結志街 52 號 2 樓的寓所內教授英文，直至 1901 年 1 月在此處被清廷刺客槍斃。

孫中山史蹟徑
路線圖

8.	輔仁文社	百子里公園	輔仁文社由楊衢雲與謝纘泰等人創立，1892年以百子里1號2樓為社址，旨於開啟民智。當中有些社員經常討論時局和政治改革，並與孫中山接觸頻密。
9.	皇仁書院	荷李活道	1884年4月26日，時任港督寶雲為中央書院新校舍主持奠基禮，當時剛入讀該校的孫中山，或見證過這項儀式。中央書院於1889年遷入新校舍，易名為維多利亞書院，至1894年再改稱為皇仁書院，後於1950年遷往銅鑼灣，如今此舊址為「PMQ元創方」。
I0.	雅麗氏利濟醫院及香港西醫書院	荷李活道77至81號	孫中山於1007年在剛成立，附設於雅麗氏醫院的香港西醫書院習醫，至1892年以優異成績畢業。

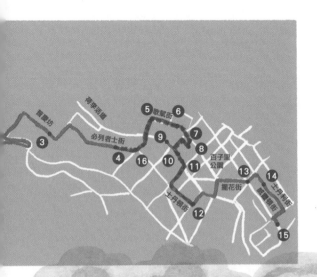

11.	道濟會堂	荷李活道75號	孫中山在港習醫期間，居於香港西醫書院宿舍，經常參加毗鄰醫院的道濟會堂的聚會，從而建立日後革命事業的人際網絡。
12.	香港興中會總會	士丹頓街13號	興中會是孫中山於1894年年底在夏威夷創立的革命組織。1895年2月在香港成立總會，黃詠商為首任會長，會址為士丹頓街13號，取名「乾亨行」作掩飾，並策動首次起義——「乙未廣州之役」。
13.	杏讌樓西菜館	擺花街2號	杏讌樓是十九世紀末香港著名西菜館，孫中山時常與友人在此談論國是。
14.	《中國日報》報館	士丹利街17號	1899年，孫中山命陳少白來港籌辦革命機關報，第一份革命機關報《中國日報》遂於1900年1月創刊。該報館除了出版革命報刊，更為興中會以及各地革命黨人提供聚會議事的場所。
15.	和記棧	威靈頓街26號	表面上是一間行船館，實則是革命機關；革命黨人在此策劃了1903年「壬寅廣州之役」。此役由謝纘泰統籌，並獲香港富商李紀堂資助，但以失敗告終。
16.	孫中山時期的香港	士丹頓街PMQ元創坊附近	此處再次重溫孫中山的足跡；他不僅在香港完成學業，亦在香港籌劃革命。中西文化匯集的香港孕育了如此偉大的歷史偉人。

41
辛亥革命與香港

~~~~~~~~~~~~~~~~~~~~~~~~~~~~~~~~~~

1894 年，孫中山上書給直隸總督李鴻章，提倡中國應學習西方各國，做到人能盡其才，地能盡其利，物能盡其用，貨能暢其流。最終，他的意見不被接納，於是希望通過革命來挽救中國。

創立興中會首次起事反清

1895 年 1 月，孫中山由美國檀香山回國後開始策劃起事，與輔仁文社的楊衢雲談論安排。2 月，興中會總會正式成立，會址設於中環士丹頓街 13 號，以乾亨行之名稱作為掩護，楊衢雲為會長。入會者的誓言是「驅除韃虜，恢復中華，建立合眾政府」。3 月，楊衢雲和孫中山等人在乾亨行召開會議，決定在 10 月 26 日（農曆九月初九日重陽節）於廣州起事反清。8 月，興中會等人再在西營盤杏花樓開會策劃起事的具體策略，立法局議員何啟亦出

席這次會議及發言，講述起事後組織政府的安排。可惜，這次起事消息洩露，遭清軍追捕。10 月 26 日，陸皓東等人被捕殉難。在廣州準備接應的孫中山逃往澳門，再轉至日本。楊衢雲則遠走至南非。乙未廣州起事失敗告終。

香港興中會首任會長楊衢雲之墓

惠州三洲田起事

1900 年 6 月，孫中山返回香港，於海上與香港革命黨人士召開會議，計劃在惠州三洲田起事，由鄭士良負責去惠州準備起事。1900 年 10 月，鄭士良率領群眾六百多人在惠州三洲田起事，連敗清軍，佔領了清安、大鵬至惠州、平海一帶，起事隊伍擴至二萬多人。他們為取得孫中山在日本訂購的一批軍火，起事軍向廈門進

士丹利街 24 號為《中國日報》舊址，報館的三樓定為惠州起事的大本營，現址為陸羽茶室。

發。這時，日本新任首相伊藤博文突然改變主意，下令禁止日本軍火出口，破壞孫中山原有的計劃安排。起事血戰半月後，彈盡源絕，鄭士良最終按照孫中山指示，解散大部分起事部伍，率一部分逃至香港。

同盟會在港策劃起事

　　1905 年 8 月，同盟會在東京成立。孫中山派李自重和馮自由回香港，同年 10 月建立同盟會香港分會。直至 1908 年，香港同盟會共策劃七次起事。及至 1909 年，香港成立同盟會南方支部，先後策劃兩次起事，包括較多人認識的三二九（黃花崗）之役。黃花崗起義是同盟會於 1911 年 4 月 27 日在廣州的反清起事。這場起事於 1910 年 11 月 13 日孫中山在檳榔嶼會議中提出，由黃興主持籌劃。1911 年 1 月 18 日，黃興在香港成立起事統籌部，以趙聲為總司令，自己擔任副總司令。4 月 27 日，黃興率領起事部隊進攻廣州兩廣總督衙門，與清軍激戰，後因傷亡嚴重而退卻。其中包括方聲洞在內的百多名義士壯烈犧牲，其他如林覺民、喻培倫等 29 人被捕。事後，收殮遺骸共有 72 具，史稱「黃花崗七十二烈士」。

廣州黃花崗七十二烈士墓

革命成功後香港的反應

1911 年 10 月 10 日，武昌起義爆發。11 月，廣東省宣佈共和獨立，成立了軍政府。香港報業社也休業一天，作為慶祝、紀念。香港華人支持新政府，熱心捐款及親身參與政府各項公職等。根據資料顯示，由 1911 年 10 月至 1912 年 7 月，香港華人社團向廣東軍政府捐出二百多萬資金。同時，不少香港名人也擔任軍政府重要職位，如李紀堂、李煜堂分別出任軍政府交通司長和財政司長，何啟和韋玉擔任總顧問官等。

歷史知識知多點

龍津學校校址建光漢學校

1904 年，李紀堂得知九龍寨城龍津義學因經營問題停辦，便嘗試租住該校校址，改為新式學校，取名為光漢，即光復漢族的意思。當時，光漢學校是香港興中會秘密創立的學校，用來宣揚革命思想。學校成立後開始招生，共有五十多名學生申請入讀。校長是革命人士史堅如的兄長史古愚，李自重擔任舍監兼日語、體育教師，陳少白兄長陳典方擔任英文、地理老師。此校重視軍事教育，振興尚武精神，並在教學上傳授革命思想。

🔍 藏在身邊的史事 🔍

香港興中會

　　香港興中會總會位於中環士丹頓街 13 號，以商行乾亨行作為掩護。「乾亨行」由精通易理的黃詠商命名，取自《易經》的「乾元，奉行天命，其道乃亨」，意指滿清氣數已盡，反清為順天命之舉。後來，乾亨行改建成永善庵。此處是策動第一次廣州之役的主要基地，用「青天白日旗」取代滿清「黃龍旗」的建議亦在此通過。

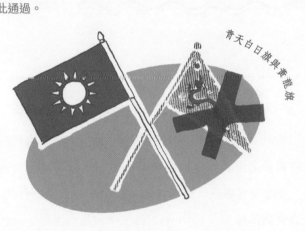

青天白日旗與黃龍旗

42

討袁運動與香港

〰〰〰〰〰〰〰〰〰〰〰〰〰〰〰

　　1912 年 1 月 1 日，孫中山在南京即位為中華民國第一任臨時大總統。當時，袁世凱控制清朝大權。孫中山為了盡快收拾局面，願意將總統之位讓給袁世凱。2 月 15 日，臨時參議院選出袁世凱為第二任臨時大總統。依據《臨時約法》，實國家行內閣制，大大削減袁世凱的權力。1913 年 2 月，國會進行選舉，國民黨取得的議席最多，按約法應由該黨理事長宋教仁出任內閣總理。3 月 20 日，宋教仁卻在上海遇刺身亡，當時黨人認為袁世凱是幕後黑手，袁世凱予以否認，成為疑案。1913 年 7 月，孫中山組織中華革命黨，發動二次革命，武力討伐袁世凱，可惜事敗。

袁世凱計劃在港刺殺孫中山

　　1913 年 8 月 1 日，《華字日報》刊登一則特別來電，披露孫中

山的行蹤。全文大致描述 7 月 31 日下午接上海特電，孫中山於前一晚乘搭日本郵船靜岡丸來港，估計 3 日可抵港。其實，這則報道並不正確，乘船來港者是黃興，並非孫中山。孫中山和胡漢民等人乘德國輪船約克號，離開上海南下。8 月 3 日，袁世凱政府以寄吾的署名，致函給香港威靈頓街德華商號的霍寶壽，電文內容主要指出袁世凱暗殺孫中山的計劃，假裝迎接他從香港去廣州，待他上船出海後，將他殺死，葬身大海。參與行動的人除可升官外，更可有十萬大洋的重賞。由此可見，當年袁世凱在香港有專門的特務機構收集情報，更會開展暗殺行動。後來，孫中山從友人中得知消息，隨即改變行程，逃過一劫。

孫中山在港建立機關反袁世凱

1914 年，孫中山派遣中華革命黨人在香港設立秘密機關，在廣東發動反袁世凱起事。軍事方面，中華革命黨軍事副部長鄧鏗為廣東革命軍司令長官。他曾策劃綠林會黨起義。11 月下旬，鄧鏗策動增城、龍門、惠州駐軍起事，後來被袁世凱下屬龍濟光軍隊迅速鎮壓。黨務方面，孫中山委任葉夏聲擔任中華革命黨港澳支部長，李海雲為副支部長。

政府以壓制手段對付中華革命黨

當時，政府以鐵腕手段壓制中華革命黨在香港活動。9 月 4 日，香港警探偵查革命黨人在中環伊利近街 17 號設立的機關。他

們到達時，發現人去樓空，後追蹤到跑馬地大坑村 26 號二樓，緝捕八人。1915 年，中華革命黨在港機關鑑於廣東各地的起事均告失敗，轉而部署計劃暗殺袁世凱下屬——廣東都督兼署民政長龍濟光的行動。鄧鏗認為刺龍得手，可以動搖袁世凱在廣東的基業。鄧鏗決定派出鍾明光進行刺殺。1915 年 8 月 27 日，鍾明光前往廣州積厚坊向龍濟光投擲炸彈，結果事敗被捕，翌日遭處決。

香港市民大眾慶祝袁世凱帝制結束

1915 年 12 月 12 日，袁世凱宣佈登基為中華帝國皇帝。袁稱帝一事在全國引發軒然大波，多個省份因此爆發起事。1915 年 12 月 25 日，前雲

1916 年香港報章有關袁世凱稱帝一事的報道

南省省長蔡鍔與前江西省都督李烈鈞共組建護國軍討袁，護國戰爭正式爆發。1 月 4 日《華字日報》轉載了護國軍討袁檄文。從此，反袁成為香港市民關心的大事。1916 年 3 月 22 日，袁世凱黯然宣佈退位，並在 6 月 6 日鬱鬱而終。袁世凱死訊傳至香港，香港多處地方燃放爆竹慶祝，被香港警察視為違法。其中，香江和洞天兩間酒樓燃放爆竹最高。警察無法禁止香江酒樓的食客燃放鞭炮，於是出動消防水喉噴射，更拘捕多名燃放鞭炮者，分別罰款 10 至 20 元。

歷史知識知多點

香港三多茶居月餅廣告諷刺袁世凱稱帝

袁世凱準備稱帝時，香港市民大眾早已得知。當時適逢中秋節將至，香港皇后大道中的三多茶居在其月餅廣告上，畫了一個大月餅，餅中有「中華民國」四個大字，四周配以虎頭蛇尾的紋飾。當中畫有一隻猴王高坐其上，旁有羊頭人合掌敬拜。猴王便是寓意袁世凱，羊頭人則寓意支持袁世凱稱帝的楊度。這張諷刺時政的廣告吸引市民大眾圍觀。當時，《華字日報》在報章介紹時更用「中華民國真成畫餅矣」為標題。

蔡鍔掙脫出袁世凱的監控後，途經香港時曾居住於南北行一帶。

諷刺袁世凱稱帝的月餅

藏在身邊的史事

香港《南華早報》

　　《南華早報》在 1903 年 4 月 1 日由原本《孖剌西報》編輯主任克寧漢（Alfred Cunningham）和謝纘泰等人在都爹利街成立，後遷至干諾道。謝纘泰是革命人士，創立輔仁文社，後加入興中會。他更曾針對列強瓜分中國，繪出「時局全圖」，後被視為中國政治漫畫先驅。1903 年 11 月 6 日，首份報紙出版，零售一角，日銷 600 份。當時中文名稱為《南清早報》，至 1913 年才改為《南華早報》。

43
五四運動在香港

1918 年 11 月 11 日，第一次世界大戰結束。中國作為參戰國，理應在國際地位上有所提升。1919 年 1 月，中國代表在巴黎和會中提出廢除勢力範圍，歸還租界和取消「二十一條」等。英美等國一併拒絕，更通過日本獲得膠州灣租借地和中德條約所得到的利益。1919年 5 月 4 日，北京學生爆發示威遊行及反日浪潮。這是著名的五四運動。

五四運動學生示威遊行即景

香港教育界反日愛國

當時，香港居民得知日本繼續德國權益後，十分憤怒。一些私立中學老師在講台上激昂陳述國恥，激發學生愛國情緒。部分學校以倡國貨抵日貨為作文題目，引導學生參與愛國運動。一些學生將家中的日本貨品找出來，帶至荷李活道中環警署附近焚毀，表達不滿。6月3日，九名陶英學校學生持內地生產的紙傘愛國傘在皇后大道遊行，高呼提倡國貨。皇仁書院、聖士提反書院、英華書院和聖保羅書院等校學生亦舉行集會，並成立了學生聯合會，草擬章則，準備展開聯合行動。

1919 年 6 月報章報道，陶英學生持傘遊行，參與者紛紛效尤。

市民大眾反日支持國家

後來，市民大眾在灣仔日本商店前示威，投擲石頭，搗毀櫥窗，高呼「還我青島」、「保我國權」等口號。警察前來制止亦無法平息，事件擾攘了數小時。最後，警察勸日人暫停營業，並勸他們留在家中，不宜外出，以免發生衝突。家庭主婦拒絕使用日本火柴，以表支持國家。一些百貨商人亦加入反日行列，如永安、先施和大新三間公司宣稱以後多採購國產絲綢和蘇杭雜貨等，不賣日貨，更歡迎市民大眾到公司檢查。

政府鎮壓反民意

面對市民大眾的愛國情緒，港督梅含理十分不安，擔心事件會不斷擴大，影響香港發展。首先，他加派警察往日本人開辦的商店日夜巡邏。其次，他亦加強對日

1919 年《華字日報》有關五四運動的報道

本居民的保護，確保他們的糧食和食水供應。政府通知本港華文報章，如《華字日報》和《循環日報》等不准煽動華人抗日愛國情緒，及使用妨礙治安和提及帝國主義等用詞。杳港教育司指令漢文視學官檢查本港私立中文學校，如有採用上海會文堂出版的《初等論說文範》作為課文，要立刻禁止，因該書有提倡國貨、抵制日貨的內容。

儘管如此，五四運動在香港再次強化市民大眾關注國事之心。五四運動的反舊禮教意識亦影響香港社會文化，如香港一些英文書院拋棄沿用的晚清服裝，改穿西服。青年人士提倡體育，訓練足球及提倡游泳等。這些新思想文化正逐漸改變香港。

歷史知識知多點

保守華商議員反對五四運動

當時，一些保守的華商，視五四運動為洪水猛獸，會損害香港社會。他們提倡孔孟聖賢之道。旗昌洋行買辦馮其焯捐款在灣仔設立中華聖教會，發行《樂天報》，申論孔孟之道排斥新文化，但青年學生不太支持，不久便停刊。中華聖教會在灣仔大戲院祭孔子，但情況已大不如前。當時，16 歲的學生陳謙指出荷李活道萃文書坊販賣新文化書籍，警察不時查究沒收，但只要新書一到，讀者便聞風而至搶購。當時的立法局議員劉鑄伯在慶祝終戰和平集會時呼籲學生不要干涉公共事務，否則天下將會大亂。可見，一些保守人士對於當時的愛國行動和新文化運動不太支持。

🔍 藏在身邊的史事 🔍

中國青年節

1939 年是五四運動 20 週年，當時，中國正處於抗日戰爭中。陝甘寧邊區西北青年救國聯合會決定將 5 月 4 日為中國青年節，以作紀念，鼓勵青年人關心國事。1949 年 12 月 23 日，中國人民政府政務院正式規定：5 月 4 日為中國青年節。按照國務院公佈的《全國年節及紀念日放假辦法》的規定，青年節（5 月 4 日），14 周歲以上的青年放假半天，但這一規定沒有明示放假適用的年齡上限。2008 年 4 月，經國務院法制辦同意，青年節放假適用於 14 至 28 周歲的青年。因此，今天內地 14 至 28 周歲的青年可放假半天。

44
跑馬地馬場大火

跑馬地馬場大火發生於 1918 年 2 月 26
日，是一場釀成超過 600 人喪生的慘劇。這是
香港歷史上最嚴重的火災。根據當時《華字日
報》所載：「事後訪員親到馬場，巡查見屍首
堆積如山，估計至少亦有八九百以上，其中死
者以男童少女為多，婦人次之，男子又次之，
至被焚斃之屍均無完體，有燒膗頭顱者，有四
肢不全者，有遍體焦黑者，
其慘狀目不忍睹。」

跑馬地馬場大火發生後，引來眾報社報道新
聞，其中如《德臣西報》和《華字日報》。

馬棚倒下火災發生

　　大火發生的日子是賽馬週年大賽翌日。當天下午 3 時左右，正舉行第五場賽事，觀眾正投入觀看。賽事期間，觀眾棚架或因不勝負荷而倒塌。最初倒塌為第八號和第九號的觀眾棚架。因棚架相連，大部分棚架亦倒下，不少人慘遭壓倒，傷亡嚴重。當時，觀眾馬棚席下有不少熟食檔，這些熟食檔具有明火烹煮。當棚架倒下後，正在燃燒的煮食爐也隨之倒下，引起火災。當時，火乘風勢迅速蔓延。馬棚又用葵葉及木枝所製，全是易燃物料。根據《華字日報》報道，灣仔警察在該晚拘捕數人，懷疑他們曾割斷馬棚的竹箋，導致馬棚迅速倒塌。這或只是推測，之後，警察未有談及這場火災與割斷馬棚竹箋的關係。

馬場大火

死傷嚴重慘不忍睹

　　根據《華字日報》報道，當時入場觀賞賽馬的人數較平日多，大約 4,000 至 5,000 人，大概華人佔十分之九，而華人之中多為婦孺。最悲痛的是有二十多個家庭因此家破人亡。火災後，警署由下午 3 時起，共收留 15 名由 4 至 10 歲的小孩，待人認領。不少孩

童的親友或因火災死傷或失散，而暫留於警署。其中有一個八個月大的女嬰在第十號馬棚底下被發現。由此可想像當時火災各人混亂逃命的慘狀。

火災死亡人數港史之最

大火發生後，人們立刻逃亡避火，場面十分混亂。一些人因走避不及而慘遭燒死。經過 45 分鐘燃燒，大火始告熄滅，不少馬棚已付諸一炬。當年華民政務司的年報指出，馬場大火有 670 人死亡，絕大部分是華人，也有少數日本人、葡人和印度人。單是大火最初發生第八棚和第九棚便發現約 300 具屍體。許多遇難者燒至不能辨認，甚至互相糾纏。

災後東華安排埋葬

火災後，東華醫院進行救濟，禮聘肇慶鼎湖山高僧在愉園建醮超渡亡魂，並和政府商議設立公墓，後請求華民政務司撥出咖啡園地段，作為安葬死難者的永遠墳場。咖啡園墳場於 1922

戊午馬棚遇難中西士女公墓之紀念碑，刻有大火死難者名單。

年 8 月動工，最後死難者被悉數安葬在此處，名為「戊午馬棚遇難中西士女公墓」，並建立馬棚先難友紀念碑作為紀念。

歷史知識知多點

香港賽馬歷史

　　1841 年，英國人將賽馬運動引入香港。香港首個賽馬場 —— 跑馬地馬場於 1845 年正式啟用，從此展開香港賽馬歷史。當時，賽馬被視為士紳之間的高尚社交活動。1884 年，香港賽馬會成立，統籌香港賽事。

🔍 藏在身邊的史事 🔍

馬棚先難友紀念碑（或稱馬場先難友紀念碑）

　　馬棚先難友紀念碑位於掃桿埔加路連山山麓的咖啡園墳場「戊午馬棚遇難中西士女公墓」內，是東華醫院紀念跑馬地馬場大火遇難者而建立的墓地。紀念碑在 2010 年 1 月 21 日獲確認為一級歷史建築。2015 年 10 月 23 日，政府宣佈將紀念碑列為法定古蹟。當中的死難者有不同國

遠觀咖啡園墳場的紀念牌樓，設計融合中西建築特色，反映死難者混雜不同國籍。

籍，墓園設計因而混合中西建築特色。墓碑和地台以花崗岩建造而成，合共三層。紀念牌樓採用傳統三間四柱式設計，有七個琉璃屋脊，脊頂配以鰲魚和寶珠裝飾。正中刻了「福」、「祿」、「壽」三字，下方的墓碑寫上「戊午馬棚遇難中西士女之墓」，列出死難者共 613 位。東華王戊年總理在墓碑題一副對聯：「旅夢安歸，驚斷離魂餘劫燼；馬蹄何處，嘶殘芳草臙燒痕」。

45
海員大罷工

二十世紀初，香港華人海員長期遭受英商剝削，工時過長，工資微薄，和洋人海員同工不同酬。1918 年，第一次世界大戰後，物價飛漲，工人生活困苦。一些華工開始組織工會，要求改善待遇。經過多次談判也未達成共識，一些工會開始在 1920 年 3 月後開始發動罷工，要求提高薪酬，爭取權益。

中華海員工業聯合總會
CHINESE SEAMEN'S UNION

中華海員工業聯合總會領導下，發動眾多海員罷工。

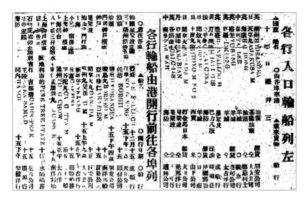

1921 年 1 月輪船廣告，自海員大罷工後完全消失。

大罷工影響海運發展

1921 年 3 月，香港中華海員工會聯合總會成立。1922 年 1 月 12 日，工會第三次向渣甸和太古船務公司提出增加工酬的要

1922 年有關海員大罷工的報道

求而被拒絕後，香港華人海員忍無可忍，在海員工會聯合總會領導下，開始進行大罷工。當時，工會向罷工海員派發每人每日四毫五仙至一元的生活費。在短短一個星期內參加罷工的海員已多達六千多人。碼頭起貨工人和煤炭工人等亦相繼響應，罷工人數逾三萬人。一百五十多艘船滯留維多利亞港，迫使五條太平洋航線和九條近海航線陷於癱瘓狀態，導致香港海運停滯。但資方仍堅拒增加薪酬。

政府強硬回應

為解決罷工問題，當時總督司徒拔採取強硬方法，實行戒嚴令，在 2 月 1 日封閉位於德輔道中的香港海員工會，強行拆去招牌。但引發香港其他行業同情海員工人，發動總罷工，參與人數共十多萬人。2 月中，海員代表蘇兆徵等和政府官員、船務公司代表進行談判，最終破裂。同時，政府派人到外地招募新工人，英軍亦派人駕駛因罷工而停航的天星小輪。

沙田慘案社會嘩然

罷工期間，不少工人離開香港，北上返回內地。政府在 2 月 28 日制訂《緊急情況規例條例》，下令九廣鐵路停駛。在 1922 年 3 月 3 日，約二千多名罷工工人徒步返回廣州。當大批工人途經沙田時，遭副警司經亨利（Thomas Henry King）下令開槍阻止，造成三死八傷，於是引起香港華人更大的憤怒與恐慌，史稱為「沙田慘案」。事件激怒全港華人，同時亦加劇人心的恐懼和不安，導致各行各業也近乎停頓。商界損失慘重，有 14 間輪船公司合共虧損高達 500 萬元。

罷工完結社會復常

後來，英國駐廣州總領事代表出面調停，勞資雙方達成協議，資方同意加薪 15% 至 30%，港府解封工會、釋放被捕人員，

並發放撫恤金予受害者，大罷工歷時 56 天，至 3 月 8 日結束。

歷史知識知多點

沙田慘案日期

關於沙田慘案日期，不少歷史書籍及文章也誤寫成 1922 年 3 月 4 日。翻查 3 月 4 日的本港英文報章《孖剌西報》，有一則報道標題是 "Encounter with Strikers at Shatin"，內文指出前一天（3 月 3 日）早上有二千多名工人步行至廣州，途經沙田時，發生開槍事件。事件造成三死八傷。

🔍 藏在身邊的史事 🔍

司徒拔道

司徒拔道是香港一條連接跑馬地和灣仔峽的道路，以第 16 任港督司徒拔姓名命名。司徒拔道於 1923 年通車，本來是由灣仔直達太平山頂，即現時的山頂道原本是司徒拔道的一部分。1960 年，原本連接中環和太平山頂的山頂道改名為舊山頂道；連接灣仔峽和太平山頂的一段司徒拔道則改名為山頂道。司徒拔舊譯名為史塔士，任內以強硬和不易妥協的作風聞名，曾因拒絕對海員大罷工作出讓步，引發不少風波。

46
省港大罷工

海員大罷工完結後，香港表面回復平靜，實際上社會仍充滿矛盾不安。當時，市民大眾生活仍十分困苦，勞工權益未有充分保障。

省港大罷工情況

內地罷工展開

1925 年 5 月 15 日，上海日資工廠發生工潮，工人領袖顧正紅被槍殺。終在 5 月 30 日，上海工人和學生爆發示威遊行，與租界內的英國巡捕發生衝突。衝突導致 11 人死，數十人受傷。史稱為「五卅慘案」。全國各大城市紛紛聲援，抗議英人的殘暴行為。6 月初，全國性工會組織中華全國總工會代表號召香港各工會發起罷工。同月 19 日，香港工人在中共黨員鄧中夏和蘇兆徵等領導下發動罷工。最先參與罷工者有香港海員、電車工人和印刷工人等，其他工人亦相繼加入。一些工人也仿效之前罷工工人的行動，離開香港返回廣州。

沙基慘案

1925 年 6 月 23 日，廣州十萬多的民眾聲援罷工時，途經沙面對岸沙基，遭英國軍隊掃射，52 人死亡，逾 100 人受傷。史稱「沙基慘案」。沙基慘案消息傳至香港後，民怨加劇。於是省港大罷工全面展開，香港罷工委員會正式宣佈成立。

沙基慘案事發地點之紀念碑

罷工規模進一步擴大

1925 年 6 月 26 日，省港罷工委員會成立，宣佈封鎖香港與廣州兩地交通，成立工人糾察隊維持秩序。委員會發出聲明：

1925 年報道指大罷工期間廣州對香港實施封鎖

凡從香港和澳門運出的任何國家的貨物，都不准運進廣州；而從廣州運出的任何國家的貨物，均不許運往香港和澳門。至於英國的船隻和經過香港和澳門的任何國家的船隻，一概不准駛入廣東內起卸貨物。香港罷工人數不斷增加，高達 25 萬人，受僱於英籍家庭的僱員，如廚師、保姆、花王等也加入罷工行列中。罷工期間，香港貿易量下跌 50%，入港船隻噸位下降 40%，香港經濟蒙受巨大損失。

政府策略轉變

港督司徒拔將罷工定性為共產主義運動，態度強硬，不作任何退讓，發佈戒嚴令，搜捕罷工領袖，限制香港居民離境。同時，政府進行新聞檢察，並同時扣留有關罷工的郵件與電報。當時，英國政府對中國的政策是以中立為主導，但司徒拔的強硬可謂與政策背道而馳。直至 1925 年 10 月，英國政府改派金文泰接任港督，一改原來的強硬立場。11 月，金文泰在香港大學發表演說，指出廣州和香港向來親睦如家人，這次罷工雙方也受到損失，希望廣州向香港伸出友誼之手，政府願意派出代表與罷工委員會談判。其後，香港代表與廣州政府進行磋商，但未能達成共識。

罷工結束

1926 年，廣州政局發生變化。以蔣介石為首的國民黨右派和中國共產黨的矛盾加劇，港英政府察覺國民政府或會出現分裂，重新採取強硬手段。同年 7 月，國民政府開始北伐；10 月 10 日，罷工委員會取消對香港的封鎖，罷工終告結束。

歷史知識知多點

金文泰

港督金文泰是一名中國通，在 1899 年加入香港政府，早年擔任新界助理田土官、巡理府、助理輔政司、行政立法兩局秘書和署理輔政司等職務。他在擔任港督期間，除成功緩和及結束省港大罷工，令香港從百業蕭條局面恢

大罷工後，金文泰與華商同遊青山，並建成牌坊以作紀念。

復回來，同時重視社會發展，如興建九龍醫院、瑪麗醫院和修築城門水塘。另外，他熱心推崇中國文化，如設立香港首間官立中文學校和支持香港大學增設中文系，該間官立中文學校後來更名為金文泰中學，以紀念他對香港中文教育的重視。

🔍 藏在身邊的史事 🔍

《工商日報》

　　《工商日報》創刊於 1925 年 7 月 8 日，由商人洪興錦、黃德光等人在省港大罷工期間創立。當時，數以萬計的工人和大商家與政府正處於對抗之中。有言《工商日報》創刊目的是回應罷工。後來，《工商日報》開辦晚報，一日兩報。雖然《工商日報》主張解決省港大罷工衝突，但多站在工商角度評論，批評工人，打擊罷工士氣。經營四、五年後，《工商日報》遇到財困，由何東家族收購。後在 1933 年，除了日／晚報外，更出版一份《天光報》，每日銷量多達 15 萬份。在日佔時期，《工商日報》一度停刊。香港重光後，日／晚報在 1946 年 2 月復刊，直至 1984 年11 月停刊。

47
酒樓與冰室

香港是一個中外交化並存交流的地方，飲食亦不例外，既有中式酒樓，亦有西式冰室。酒樓和冰室兩者共存多年，不斷發展改良，為本港飲食文化添上不少色彩。

茶壺與檸檬茶

酒樓誕生專營夜市

　　酒樓，以字面解釋可見是飲酒的地方。香港開埠初年，酒樓和茶樓同時出現，兩者亦有所不同。茶樓經營早市和午茶，提供點心，供顧客品茗，不提供晚市筵席。酒樓則不同，專營晚市，提供筵席給客人大宴親朋。根據記載，香港最早出現的中式茶樓

1929 年杏花樓廣告可見，其開業於 1846 年。

便是 1846 年開業的杏花樓。杏花樓位於中環威靈頓街和鴨巴甸街交界處。後來，杏花樓遷至水坑口街。杏花樓為一間酒樓，專營夜市宴席。杏花樓位置鄰近擺花街，這處一帶有不少風月場所。富商常與風塵女子在杏花樓飲酒作樂，品嚐美食。杏花樓更設有女伶演唱，樂隊伴奏，屬於高級娛樂場所。

酒樓兼營茶市

　　1903 年，政府下令位於上環一帶的風月場所遷至石塘咀，部分酒樓也因此削減生意，最終結業；部分酒樓同時遷至石塘咀重新開業。一些留守上環

1935 年 6 月有關港府禁娼的報道

一帶的酒樓為了生存，除夜市外同時兼營茶市，杏花樓率先有此安排，其他酒樓亦仿效跟隨。1935 年，政府全面禁娼，酒樓兼營茶市成為大趨勢。自此之後，茶樓和酒樓的界線已變得模糊不清，至今已沒有多大分別。

冰室引發飲冰潮流

冰室，以字面解釋可見便是飲冰凍飲品的地方。香港開埠初年，外國人在港定居。他們將其飲食習慣也傳至香港。他們除食用西餐外，更喜愛夏天時在酒中加冰飲用。1845 年，今天雪廠街位置有一間存放冰塊的公司

1922 年安樂園雪糕批廣告

成立，提供的冰塊來自外地，價格十分高昂，非一般平民可以負擔。1874 年，怡和在銅鑼灣設廠大量生產冰塊，價格下降，使用日漸普及。隨著冰塊普及，冰飲也走進華人社會。冷飲食肆歷史可追溯至 1909 年開業的安樂園。安樂園開業時為西式茶室，售賣餅乾糖果，後來加售冰凍飲料。1921 年，安樂園在美國引入機器製冰。1922 年，茶室改名為飲冰室，提供冰鮮奶、雪糕、紅豆冰等，在香港掀起飲冰熱潮。

冰室平民化廣受歡迎

當時冰室室內樓底較高，天花裝有吊扇，涼風通爽，以飲冰

為賣點，因此得名。初時，冰室走高檔路線，收費不便宜。如安樂園便以設有冷氣機為賣點。1930 年代，冰室日趨平民化。這類大眾化的冰室大多設於油麻地、旺角、深水埗和灣仔等地，更引入南洋咖啡等。1920 年代後，香港前後出現過海員大罷工和省港大罷工，經濟接連衰退，市民大眾消費力不高。廉價冰室出現以配合市場所需，廣受歡迎。這些冰室除售賣冰凍飲料小食外，更開始兼賣粥粉麵飯等主食，與今天茶餐廳無異，只是名稱未冠上茶餐廳而已。直至 1955 年才有蘭香閣茶餐廳出現。

歷史知識知多點

大牌檔

　　除了酒樓和冰室外，大牌檔亦是香港重要的飲食文化。大牌檔起源於政府早期發給熟食檔經營者的牌照，面積較大，與當時一般小販不同，並需要掛在當眼處，所以有「大牌檔」的名稱。大牌檔提供的食物多元化，既有中式食物，如小菜、炒粉麵飯、白粥油條等，亦有西式食物，如多士、三文治、奶茶咖啡等。大牌檔的食品大多是即叫即煮，因此一般以「鑊氣夠」來吸引食客。上世紀八十年代，政府指出大牌檔衛生環境欠佳，較易引發傳染病，便開始逐步取締，不再發出新的牌照。持牌人和配偶逝世後，不能由親屬繼承。同時，政府又用現金收回牌照，鼓勵經營者「上樓」、遷至熟食市場等。現時，街頭大牌檔只餘下二十多間。

藏在身邊的史事

擺花街

　　擺花街本稱倫核士街，英文名為「Lyndhurst Terrace」，紀念英國大法官和政治家約翰‧考普利，第一代林德赫斯特男爵（John Copley, 1st Baron Lyndhurst）而命名。從前該地是西洋高級妓院集中地，相傳昔日不少男士前往附近妓院前，習慣先買花束送給妓女，因此吸引一眾小販在此擺攤售賣鮮花。日子久了，市民大眾習慣稱這條小街為擺花街，意即擺放花卉的街道。中文名也改稱為擺花街，英文名則沒有改變，沿用至今。

48
巴士的發展

　　十九世紀初，香港交通工具主要以轎子為主，沒有汽車和巴士等交通工具。當時香港是一個漁港，商業發展仍未興旺，不需要推動交通發展。二十世紀初，香港經濟發展日盛，汽車、貨車和巴士等車輛先後出現。

　　1924 年，香港第一間出租汽車公司出現，可說是的士前身，當時汽車的租金十分昂貴。

現代巴士

二十世紀初的巴士服務

第一次世界大戰後，香港人口漸多，人們出行習慣開始發生變化，以人力為主的交通工具難以配合社會所需，以機器推動的汽車便應運而生。當時，在香港島提供巴士服務的公司有三間，分別是香港仔街坊福利會公共汽車、香港大酒店公共汽車和香港電車公司。香港大酒店巴士公司是三間公司中最早成立的，創立於 1921 年，服務範圍主要是半山區至淺水灣酒店等地。香港仔街坊福利會提供的巴士服務主要穿梭香港仔至中環之間，

WEDNESDAY, JULY 20, 1921.

HONGKONG—ABERDEEN BUS SERVICE.

Residents of Aberdeen are now enjoying a motor-bus service inaugurated by a body of Chinese who describe themselves as the Aberdeen Kaifong Motor-Bus Company. This company has at present two buses, and these will shortly be supplemented by two more, ordered through a local motor-car company. The buses now in use have each accommodation for about twenty adults. The fares to and from Hongkong are: twenty-five cents per trip first class and 15 cents third class. The Aberdeen ferry company is said to have experienced a decrease of business since the bus service began, this being due to the early hour (4 p.m.) at which their launch service is suspended daily.

1921 年有關香港仔巴士服務的報道

途經皇后大道中、薄扶林道等地。香港電車公司附屬巴士公司主要輔助電車服務。1927 年，香港電車公司曾向政府申請營辦無軌電車服務，以改善電車擠迫情況。可惜，政府最終沒有批准，因此在 1928 年開辦巴士服務作出支援。九龍半島方面，巴士服務由三間公司經營，分別是九龍巴士公司、中華巴士公司和啟德巴士公司。政府並沒有作出路線協調，因此三間公司的部分路線出現重疊。

中巴取得港島專營權

　　1932 年，政府為改善本港巴士服務，決定重整全港的巴士交通服務。當時，政府決定以巴士專營權作為規管方法。巴士經營者要有專營權才可以開辦巴士服務。政府經過深入考慮後，決定發出兩個專營權：一個是香港島，另一個是九龍半島及新界。1930 年代，隨著香港人口不斷增加，經營巴士變成一門好生意，專營權競投十分激烈。1933 年 1 月，政府公佈結果，最終香港島的巴士專營權由中華巴士公司獲得。中華巴士公司原本在九龍區經營巴士業務，成功申請港島專營權後，便將 10 輛巴士由九龍運至香港。當時，海底隧道仍未建成，巴士要經海路至香港島。當中華巴士公司取得專營權時，共有 54 輛巴士。可見港島巴士服務質素有所提升。

昔日的本地巴士

九巴取得港島專營權

九龍半島及新界巴士專營權方面，由九龍巴士公司競投成功。1933 年，九龍汽車（一九三三）有限公司成立，股東包括鄧肇堅、雷瑞德、雷亮、譚煥堂和林明勳等人。董事局主席兼車務總監督鄧肇堅任職的近 50 年間，不斷推動巴士服務發展。當時，九龍巴士公司擁有逾 50 輛巴士，同時購入原由中華巴士公司和啟德巴士公司擁有的巴士。開辦初期，九巴共有 106 輛巴士提供服務。

KOWLOON.
BUSES

NEW COMPANY FORMED
FOR MONOPOLY

EXPANSION PLAN

A new company, the Kowloon Motor Bus Company (1933), Limited, has been formed to operate Kowloon's bus services under the franchise granted by the Government, which is due to take effect on June 11.

The authorized capital is $3,500,000 of which between one and two millions will be issued. The capital of the original company was $250,000.

The company is hopeful of an early satisfactory settlement of the negotiations now proceeding for the taking over of the buses and equipment of the two other companies now operating on the mainland.

110 BUSES.

Mr. Lam Ming-tan, the Secretary of the Company, in an interview with a *Telegraph* representative this morning, expressed his belief that the Company would probably be in full control before the date fixed.

At present, the Company owns fifty buses. The other companies own about 60, for which the price asked is round about $100,000, on a sterling basis.

EXPANSION PLANS.

1933 年有關九巴獲得專營權的報道

歷史知識知多點

大嶼山巴士服務

大嶼山巴士服務較遲起步。二十世紀三十年代，大嶼山仍未有一條正式供汽車行駛的道路。村民大多以徒步形式來回大嶼山各處，如由梅窩行至大澳等，再乘船至市區。第二次世界大戰後，香港經濟起飛，大嶼山也有所發展，交通網絡日漸完善。1958 年，第一輛九巴運至大嶼山，開始試行；但當時九巴公司董事局經過深入討論，憂慮乘客量不足，並沒有正式開展服務。直至 1960 年，九巴才取得專營權，開始在大嶼山提供定期的巴士服務。

藏在身邊的史事

雷生春

雷亮是九龍汽車（一九三三）有限公司的創辦人之一，對巴士服務貢獻良多。雷生春是他的大宅，興建時曾聘請著名建築師布爾（W. H. Bourne）設計和興建。大宅在 1931 年落成，比九巴取得經營權早兩年。整座大宅樓高

九巴始創人祖居雷生春

四層，總面積約 600 平方米，上層為住所，地面為跌打醫館。自上世紀六十年代開始，雷氏家族成員人口漸增，相繼遷離大宅。七十年代，大宅開始空置。2000 年，古物諮詢委員會評定雷生春為一級歷史建築，同時，雷氏後人決定將雷生春捐贈予政府，用作保育用途。2008 年，政府將雷生春納入第一期「活化歷史建築伙伴計劃」，香港浸會大學成功獲選，將雷生春改建為中醫藥保健中心。2022 年，雷生春被列為法定古蹟。

49

啟德機場

啟德機場中的啟德兩字是源自兩名香港商人，分別是何啟和區德。他們曾成立一間公司，在九龍灣填海地區發展住屋計劃，可惜公司不幸倒閉，這幅填海而來的土地亦空置一時。上世紀二十年代，香港人口增多，加速社會發展。政府認為九龍灣這幅填海土地適宜用作機場。現時，有資料顯示此地的飛行最早在 1925 年農曆新年元旦進行。

KAI TAK AIR PORT.

Reports have appeared in the press concerning the Air Port of Kai Tak. Unfortunately the actual details of design are not available for publication, but there are certain points that deserve attention.

The position of the Air Port is as ideal as it would be possible to find, because it combines a large aerodrome with an excellent seaplane base.

There is no Air Port in Europe serving so important a place as Hong Kong that can claim to be a joint aerodrome and seaplane base. The value of London's air port at Croydon is considerably reduced because it is impossible to obtain these ideal conditions.

If this combined air port were not possible at Kai Tak, Hong Kong would require two air ports, one for the seaplanes and flying boats that will be working the coastal

1928 年有關啟德機場的報道

啟德機場初期發展

　　1928 年，一條混凝土造成的下水滑道建成，當時供水上飛機使用。1930 年，政府聘請了首名機場監督負責這個機場，而航空活動由海港署所管轄。1932 年，啟德機場發生火災，燒毀了飛機棚廠。當時，市民大眾對機場認識不深。一名市民曾到機場禁區內散步，被罰 25 元，該名市民亦不知無故進入機場禁區屬於犯法行為。啟德機場早年也曾發生意外。1932 年 8 月 20 日，一架飛機降落時失控撞向牛池灣一間茅屋。這間茅屋有一對老年夫婦居住，當時兩人正在家用晚膳。1935 年，首座指揮塔和飛機庫落成。

啟德機場貼近民居

啟德民航發展開始

1936 年 3 月 24 日，皇室航空公司經營的首班商業客運航班由檳城飛往香港。這是啟德機場正式進入公共運輸的時代。之後數年，泛美航空公司開始提供往返香港和三藩市的航班。10 月 22 日《天光報》報道，指泛美航空公司飛機明日抵港，啟德機場佈置備其下降。其後，各間航空公司亦提供來往不同地方的航班，如法國航空公司提供支那半島至香港的航班、中國航空公司提供廣州和上海來港的航班。日佔的三年零八個月期間，機場興建了第二條跑道。可惜，戰火之下，啟德機場多處地方受到轟炸，損毀嚴重。

PILOTS GREETED BY GOVERNOR
NINE R.A.F. MACHINES AS ESCORT
SURPRISE CHINESE PASSENGER

The Imperial Airways' passenger liner "Dorado," piloted by Captain J. H. Lock, and carrying 47 kilos of mail, comprising 14 bags from London, dated March 14, and one each from Singapore and Penang, arrived this morning at Kai Tak aerodrome at 11.30 a.m. and was given a rousing reception on its arrival.

Nine Royal Air Force machines took off a few minutes before the "Dorado" came into sight and escorted her to the aerodrome, three machines dipping in salute as the Airmail machine taxied in.

1936 年有關第一艘民航飛機抵港的報道，當日港督更到場歡迎。

戰後發展愈趨興盛

1945 年，香港重光，國泰航空公司開始運用 DC3 型航機提供航班。1946 年 5 月 1 日，政府成立民航處，專責管理本港航空服務。1958 年，政府在九龍灣海旁興建一條新跑道，全長 2,529 米。1962 年，機場大廈落成啟用。在航空科技進步下，各間航空公司逐步將渦輪螺旋槳推動的飛機，以波音 707、DC8 等噴射飛機取替。1970 年 4 月 11 日，第一架波音 747 航機飛抵香港。1975

年，啟德機場跑道延長至 3,390 米，以應付航空公司的大型航機機體需要。1976 年，香港空運貨站啟用。機場不斷發展擴充。直至1998 年 7 月 6 日，啟德機場完成其使命，其後赤鱲角機場啟用，服務旅客至今。

昔日的國泰航空飛機　　　　　　　昔日的啟德機場跑道位置

歷史知識知多點

香港的航空試飛史

　　香港航空事業發展始於十九世紀的熱氣球活動。1911 年 3月 18 日，比利時航空家查爾斯溫德邦（Charles van Den Born）駕駛費文型雙翼機在沙田淺灘上成功飛行。這是香港飛行史上的第一架成功起飛的飛機。其實，在溫德邦前，一些航空家曾向香港政府申請在跑馬地快活谷進行試飛，可惜遭到否決。溫德邦最初也希望在快活谷試飛，因該處三面環山、擁有一片大平地，少受強風影響。不過，港島有不少軍事設施。政府以違反飛行條例為由，拒絕任何人駕駛飛機接近港島和相關炮台。溫德邦沒有放棄，後來在遠東飛船會協助下，獲准在同樣三面

環山的沙田淺灘作首航試飛，位置便是今天沙田大會堂一帶。當時，飛機是新奇事物，普羅市民引頸以待。試飛日期是 1911 年 3 月 6 日，門票由五角至五元不等。港督盧吉伉儷亦專程到沙田觀看試飛。可惜，天公不造美，因風勢太強無法安全飛行。溫德邦一直等候，至午後風力仍有增無減，很多觀眾和港督盧吉伉儷一同離去。直至黃昏 5 時左右，溫德邦決定趁風勢減弱起飛，最終完成創舉。可惜，這個歷史時刻沒有太多觀眾見證支持。

🔍 藏在身邊的史事 🔍

爵祿街

爵祿街位於新蒲崗。這條小街在五十年代的新蒲崗出現。昔日新蒲崗部分位置屬於啟德機場範圍，甚至是舊機場跑道的一部分。後來，啟德機場向南發展，舊跑道一帶便成為工業區。為紀念昔日飛機每日在此著陸的歷史，街道命名便取「著陸」諧音為「爵祿」。爵祿街原本是昔日飛機著陸的舊 13／31 跑道。爵祿街以北的數字街是工廠區，分別有大有街、雙喜街、三祝街、四美街、五芳街、六合街、七寶街及八達街等。爵祿街以南是住宅區，該區街道命名均有吉祥意思，如崇齡街、康強街、景福街、衍慶街、錦榮街、仁愛街和寧遠街等。

50
香港電影誕生

香港最早的電影放映可追溯至 1896 年。1896 年 1 月 18 日出版的《華字日報》載「西國奇巧故事百套，無不俱備，在中環大道舊域多利酒店開演」。至 1896 年 1 月 30 日，《華字日報》再載「映畫奇觀舊域多利亞酒樓放映兩軍交戰情形，炮火連天」。這是現存最早的香港電影放映記錄。

太平戲院

十九世紀末香港開始播放電影

1898 年，美國湯瑪士・愛迪生公司攝影師來到香港拍攝一系列紀錄片，輯錄成五個主題。1899 年，香港開始在空地搭起影戲竹棚進行商業性電影放映活動。後來，電影隨著粵劇進入戲院，可惜不太受市民大眾重視，都是在粵劇演出後播放。當時，重慶戲院、高陞戲院、太平戲院等都有放映電影。最初的電影只有黑白無聲影片，類型大多是各地風光名勝、戰爭、滑稽奇聞等，長度只有一至兩分鐘。

黎民偉拍攝香港第一部電影

1909 年，美國人賓傑門布拉斯基（Benjamin Brasky）成立亞細亞影戲公司，製作第一部在香港拍攝的電影《偷燒鴨》。該片導演是梁少坡，內容主要模仿美國詼諧片。布拉斯基後來在 1913 年創立香港華美影片公司，和黎民偉的人我劇鏡社合作拍攝電影《莊子試妻》。這齣電影是香港首齣電影，黎北海飾演莊子，黎民偉反串飾演莊子妻子，黎民偉妻子嚴珊珊飾演婢女。後來，華美影片公

介紹 1913 年黎民偉拍攝電影《莊子試妻》之報章報道

司製作本地電影，任用香港人從事電影製作，帶動香港製作電影潮流，為香港電影奠下基礎。

第一間香港電影公司成立

　　1923 年，黎民偉兄弟和梁少坡聯手成立香港第一間由華人全資擁有和製作的電影公司 —— 民新製造影畫片有限公司。黎民偉從美國訂購最先進的攝影器材、字幕機等設備，又聘請外國攝影師，自主訓練演員。可

電影《胭脂》廣告

惜，他在申請製製片廠時遇上阻滯，唯有轉移拍攝新聞紀錄片，其中包括《孫大元帥檢閱軍團警會操》、《孫大元出巡廣東北江記》、《勳業千秋》等，成為現時重要的珍貴史料。民新亦出品多齣戲曲電影，如 1922 年拍攝的梅蘭芳京劇短片《天女散花》、《西施歌舞》、《木蘭從軍》、《黛玉葬花》等。1924 年，民新拍攝了香港電影史上第一部長故事片《胭脂》，並由民新培訓的第一批演員參與演出。影片內容矯世勵俗，大受歡迎，更連續三天滿座，創下當時票房紀錄。

香港電影發展一日千里

　　1925 年，省港大罷工爆發。政府頒佈嚴令，令正在萌芽的香港電影業一度陷入谷底，民新公司亦遷往上海。省港大罷工在

1926 年結束後，1928 年香港才有新電影製作公司成立，這是黎北海創立的香港影片公司，他們在 1930 年拍攝的古裝片《左慈戲曹》，標誌香港電影復甦。自此之後，香港電影不斷發展至今。

1934 年有關黎民偉來港籌拍新片的報道

歷史知識知多點

重慶戲院

香港第一間戲院是重慶戲院的前身同慶戲園，建於 1867 年，位於上環街市街（1909 年改名為普慶坊）與墳墓街（1869 年改名為普仁街）之間。同慶戲園在十九世紀末改名為重慶戲院（或稱為重慶園）。1869 年，英國愛丁堡公爵訪華，華人團體曾在此上映粵劇慶賀。二十世紀初開始放映電影。如 1909 年 1 月 16 日《華字日報》載英人依輔連大力戲於初五晚在重慶戲院開映，依君仰臥地上能用足扛起數百斤重之大石三塊，又於觀劇者叢中擇一強壯者上舉百餘斤重之石。由此可見，戲院當時播映紀錄短片為主。直至 1910 年代初，重慶戲院結業。

🔍 藏在身邊的史事 🔍

華達製片廠九龍城舊址

　　華達製片廠是香港主要的電影製片廠。該廠原位於九龍城，火災後重建遷至於青山公路葵涌段六咪半至七咪之間。華達製片廠由胡晉康創立。第二次世界大戰後，胡晉康創辦華達電影公司，華達製片廠建於九龍城。1952 年 9 月，製片廠被燒毀，後來胡晉康取得新加坡光藝製片公司資金重建製片廠。1953 年，葵涌華達製片廠成立。九龍城華達製片廠位置便是嘉林邊道末，鄰近侯王廟。華達製片廠地方廣大，約佔 1.3 萬多平方呎，屬於大型製片廠，分為一廠和二廠。這個製片廠原為友僑公司所擁有，後由華達公司承租，1952 年 9 月 27 日凌晨 4 時 30 分，華達製片廠發生大火，波及附近木屋。直至上午 6 時 40 分，大火才被撲滅。大火發生時，製片廠內正拍攝電影《天堂夢》，已拍至最後一場全片最宏大的場面，佈置成一個選美大會。當時，三十多位女演員穿泳衣在天橋演出之際，場頂電線懷疑漏電而引發火災。

51

黑色聖誕節

—— 十八天戰役

1941 年，中日戰爭對戰激烈，位於南方的香港也不能獨安。7 月 2 日，日本制訂《適應形勢演變之帝國國策綱要》，確立執行南進戰略。太平洋戰爭一觸即發，攻打香港成為日本國策。

日軍襲港

1941 年 12 月 8 日早上約 8 時，日軍轟炸機先後襲擊啟德機場和深水埗兵營；陸軍則渡過深圳河進入新界，正式開始攻擊香港。日軍侵略軍隊是以酒井隆為首，他統率第 23 軍第 38 師團為主力。另外，日本更派出炮兵隊和航空部隊作支援。以兵力和火力來說，日軍都遠在守軍之上。另外，日軍在戰爭爆發前已搜集了不少情報，充分掌握香港守軍防衛情況。當時，香港報章仍認為港軍有

實力回應。如 12 月 9 日《工商日報》便稱「敵軍昨日兩度襲港，大埔元朗英陸軍與敵接戰，港防衛力鞏固，敵卒未能得逞」。

1941 年有關日英兩軍在港交戰的報道

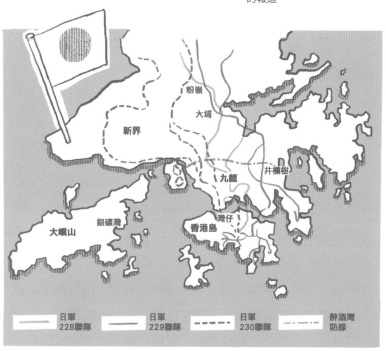

日軍進攻香港路線圖

新界和九龍半島失守

日軍開始攻擊後，將三個步兵聯隊分成左、右翼及迂迴隊入侵新界。當時，守軍採用放棄新界的戰略。開戰後的第二天，日軍推進至大帽山和馬料水等地。英軍和義勇軍且戰且退，最後撤入醉酒灣防線。當天午夜，日軍成功夜襲城門碉堡陣，打開防線缺口，即發動總攻擊。11日上午，日軍已佔領西線金山陣地，東面亦進至大老山，新界一半地方已落入日軍手中。香港守軍司令莫德庇少將（Christopher Maltby）於當天中午下達命令，撤出九龍。西面的英、加部隊退回港島；中、東面的印籍部隊邊戰邊退，終於在13日凌晨自魔鬼山經過鯉魚門海峽退回港島。在這刻開始，港日雙軍便隔著維多利亞港展開炮戰。

港島激戰

香港守軍退回港島，莫德庇少將即重新部署如何防禦，將由新界和九龍撤回的部隊與港島的部隊混合編成東、西兩旅。日軍在準備登陸港島時，同時在13日和17日兩次向政府招降，但均被港督楊慕琦（Mark Young）拒絕。招降失敗後的18日晚上，日軍在微雨下在港島東部北角、鰂魚涌和筲箕灣一帶登陸。日軍登陸後，雖遭受守衛印軍抵抗，仍成功迅速向高地進發。19日黎明前，日軍已佔據柏架山和畢拿山。東旅守軍被迫向赤柱後撤；西旅則於黃泥涌峽和日軍激戰，旅長羅遜准將（John Lawson）在此處陣亡。20日後，日軍重炮和野戰炮部隊等陸續登陸港島支援助

海防博物館保留日軍
攻港的殘壘

戰。日軍在 22 日攻陷金馬倫山，灣仔峽和摩理臣山也危在旦夕；
南部的淺水灣一帶亦告失守。至此，除赤柱炮台外，港島大部分陣
地已失去防禦能力。24 日，日軍已佔據大部分地區，但港督楊慕
琦仍未有投降之意，英國首相邱吉爾（Winston Churchill）多次派
發電報，指香港不可投降，一定要抵抗到底。

港督投降

　　25 日早上，日軍再次向楊慕琦勸降。中午，日軍加強攻勢，
灣仔已進入巷戰。下午 3 時，莫德庇少將向楊慕琦報告戰局，指出
港島北岸陣線已全面瓦解，大炮和彈藥均缺乏，水源已斷，已無力
繼續作戰，若再抵抗只會犧牲更多性命。結果，楊慕琦接受莫德庇
的建議，向日軍提出無條件投降，並於當天黃昏渡海至尖沙咀半島
酒店的日軍戰鬥司令室簽署投降書。18 天的抗日戰鬥，至此結束。

這 18 天戰爭是香港歷史上最大規模的戰事。雙方傷亡人數高達六千人以上。香港守軍無論在兵力和火力均遠遜於日軍之下，在惡劣形勢下奮勇作戰，可惜最終缺乏支援，敗局未能扭轉。

港督楊慕琦在半島酒店簽投降書

歷史知識知多點

戰前糧食供應

日軍入侵前，政府為保障糧食供應，與米業商會和零售米商聯合會商討後，決定在全港指定 107 處地方發售白米，每人每次限購 2 元，每元買到 7 斤餘。至於柴薪，每人可購買 5 角，即 22 斤半。購買時間分別由上午 9 時至 12 時，和下午 2 時至 4 時。政府會派員來維持秩序，大約有百餘人。政府這樣的安排，有助穩定民心。這個安排在 1941 年 12 月 11 日開始推行，日軍已開始襲港。14 天後，日軍已佔領全港。這個安排亦告終結。

藏在身邊的史事

鯉魚門炮台（今海防博物館位置）

　　鯉魚門炮台是香港一座歷史悠久的防禦堡壘。整個鯉魚門炮台內有 18 間地下室和 2 座 6 英吋口徑炮位。堡壘附近設有多座炮台依山而建，各炮射程不一，可完全覆蓋整個鯉魚門海峽。1890 年，英軍在岬角邊建成布倫南魚雷發射站，這是當時世界上最具威力的水底武器。及至 1930 年代，武器技術發展不斷改進和其他新炮台相繼落成，鯉魚門炮台在香港的海防角色日漸減退。1941 年 12 月 18 日晚，日軍趁天氣惡劣，由九龍魔鬼山下渡海進攻香港島，在炮火掩護下迫近北角、鰂魚涌、筲箕灣一帶，日軍第六中隊在筲箕灣譚公廟海岸登陸，然後登山向鯉魚門炮台進發。當時，守軍雖曾多次擊退日軍攻擊，但由於雙方實力懸殊，日軍最終佔據鯉魚門炮台，不少守軍壯烈犧牲。1993 年，政府決定修復鯉魚門炮台，並改建成一間擁有現代化設備的博物館，命名為香港海防博物館。博物館佔地 34,000 平方米，有接待大樓、堡壘及古蹟徑。

52

東江縱隊的抗日事蹟

1937 年，抗日戰爭爆發。一年後，日軍開始進攻華南地方。廣東一帶民眾作出回應，抗日游擊隊相繼出現。1938 年 12 月，惠寶人民抗日游擊總隊和東寶惠邊人民抗日游擊大隊成立，其後發展成廣東人民抗日游擊隊第三和第五大隊。1943 年 12 月 2 日，廣東人民抗日游擊隊整合其他抗日力量，成立東江縱隊。這是抗日時期中國共產黨在廣東省東江地區創建的一支人民抗日部隊。

東江縱隊港九獨立大隊小隊員

港九獨立大隊成立

1941 年 12 月，日軍突襲香港，守軍因兵力懸殊節節敗退。及至 25 日，港英政府向日軍投降，香港進入淪陷階段，市民大眾過著悲慘生活。後來，廣東人民抗日游擊總隊派出武裝工作隊進入新界，營救滯留在港的文化人士和開闢香港抗日戰線。1942 年 2 月 3 日，廣東人民抗日游擊總隊港九大隊在西貢黃毛應村教堂宣告成立，其後改稱港九獨立大隊，直屬東江縱隊司令部。當時，港九獨立大隊隊員超過一千人，大多是本地人士。

牽制日軍進攻

東江縱隊成立後，加強部隊力量，與日軍展開游擊戰。東江縱隊後來轉戰東江兩岸、港九新界、粵北山區和韓江地區，配合國民政府抗日計劃。另一方面，東江縱隊在大鵬灣、大亞灣海域打擊日軍，以求控制數百里海岸和通往香港交通要道，有助營救在港的文化人士和國際友人。港九獨立大隊成立後，積極進攻日軍，如派遣短槍隊襲擊日軍據點、截擊日軍運輸隊伍和伏擊漢奸；又進行紙彈戰，派發抗日宣傳單張；和東江縱隊護航大隊配合，除保護漁民和海上航道外，更破壞日軍海上運輸補給。

支援盟軍抗日

港九獨立大隊亦和盟
軍、英軍服務團等合作一
起抗日,除協助營救盟軍
和國際友人外,更成立國
際工作小組,為盟軍提供
日軍在香港的情報活動,

1944 年有關東江縱隊拯救克爾中尉的報道

協助盟軍部署對日進行反攻。如美國空軍第 14 軍服役飛行員克
爾中尉(Donald Kerr)駕駛的戰鬥機便在啟德機場附近被擊落。
他成功跳傘逃生後,得到東江游擊隊及時救助,轉移至內地大後
方,受東江游擊隊照顧長達一個月。

戰後繼續支援

1945 年 8 月 15 日,
日本宣佈無條件投降。中
共中央要求侵華日軍向中
國解放區抗日軍隊投降。
東江縱隊各支隊、大隊緊
急動員向佔據東江兩岸的
日軍推進和招降,消滅拒
不受降的日軍。1945 年 9
月 1 日,英國重新接管香

1983 年有關東江縱隊紀念活動的報道

港，港九獨立大隊奉東江縱隊命令撤離，但後應英國請求，自組自衛隊協助維持新界治安。1946 年 9 月，香港政府重開各區警署後，自衛隊才逐步解散。

　　港九獨立大隊奮力保衛香港的英雄事蹟，體現港人愛國情懷。有關東江縱隊的紀念館，現在有深圳坪山東江縱隊紀念館、東莞廣東東江縱隊紀念館、惠州羅浮山東江縱隊紀念館。香港方面，沙頭角抗戰紀念館是第一間介紹中國共產黨在香港歷史貢獻的紀念館，也是香港首個長期展示東江縱隊港九大隊歷史的地方。

歷史知識知多點

英國眾議院討論東江縱隊

　　東江縱隊的事蹟除在中國受到重視外，在外國亦受到尊重。1946 年 7 月，英國眾議院議員便向英國外交部質問指出東江縱隊及其家屬有三萬多人，在戰時曾協助盟軍，現時已抵達香港，政府如何援助及經濟支援他們，作為回報。英國政府官員指出留港人數約有數千人，其餘已返回內地，港英政府亦有還款給他們。

1946 年有關港英政府因東江縱隊曾助英人而還款的報道

藏在身邊的史事

烏蛟騰抗日英烈紀念碑

　　1941 年 12 月 25 日，香港被日軍佔領，進入三年零八個月淪陷的苦難日子。當時，東江縱隊精英成立東江縱隊港九大隊，大埔烏蛟騰便是重要的基地。1942 年 9 月，日軍包圍烏蛟騰村，強迫村民交出武器，並供出游擊隊隊員的身份。當時，村長李世藩和多名村民堅拒，最終被日軍折磨致死。1945 年，香港重光後，村民在烏蛟騰一處山坡豎立紀念碑，緬懷眾多犧牲的烈士。後來，村民認為該處地方偏僻，遷至現時新娘潭路烏蛟騰烈士紀念園內。2015 年 8 月，中國國務院公佈《關於公佈第二批國家級抗戰紀念設施、遺址名錄的通知》，烏蛟騰村抗日英烈紀念碑便是其一。

抗日英烈紀念碑

53

日軍暴治
──三年零八個月的歲月

1941 年 12 月 25 日，港督楊慕琦向日軍投降，香港進入淪陷時期，史稱「三年零八個月」。日軍佔領香港後，立刻進行掠奪，將糧食、藥物、車輛等重要物資運走，一些士兵更四處搶掠，甚至強姦婦女。當時，香港陷入無政府狀態，至少有兩個星期之久。

黑暗歲月開始

這段時期，香港所有服務停止，沒有交通、衛生、醫療等服務。街上除充斥垃圾外，更有不少屍體無人收拾。市民大眾則只能勉強為生，直至 1942 年 1 月中，日軍再次准許賣米，社會才逐漸回復安定。當時，投降的英軍被關進深水埗、北角、馬頭圍等戰俘營。這些地方糧食、藥物等均極為短缺。政府官員被囚禁於赤柱拘留營，直至戰爭完結。

日佔的香港政策

淪陷初時，日本陸軍第 23 軍在香港成立「軍政廳」，由該軍司令酒井隆出任「軍政廳長官」。軍政廳工作包括搜捕香港政商要人、查抄港英政府和英國在香港的機構和企業、建立糧食配給制度及進行強制人口疏散等政策。後來，日本在香港成立「香港佔領地總督部」，由陸軍中將磯谷廉介出任「總督」一職。1942年 2 月，總督部成立，設於中環滙豐銀行大廈。在三年零八個月期間，總督部實施政策時大多由上而下，態度傲慢，多以暴力恐嚇強迫市民就範。淪陷後的數星期，不少市民變賣家產，離開香港。1942 年 1 月 6 日開始，日軍實行歸鄉政策，將香港大部分人口送回內地，減輕日軍負擔。較幸運的可乘船離開，其他大多只能步行離港，途中不幸遇難者不可勝數。至 1943 年底，共有約 960,000 人被日軍強迫離開香港，約開戰前香港人口的一半。1945 年 8 月 15 日，日本投降時，香港人口只剩下 500,000 至 600,000 人。

香港佔領地總督部

淪陷期間的香港經濟

淪陷前，香港經濟以造船、進出口貿易和相關金融業務為主。自中日戰爭在 1937 年爆發後，大量難民來港，其中一些上海工業家為香港提供不少工業發展力量。日軍進攻香港前，英方已希望在香港發展工業，用來支援英國對德國、意大利兩國的戰爭。日軍控制香港後，則視香港為後勤基地，沒有多大興趣發展工商貿易。香港物資在淪陷後更異常短缺，總督部雖將食米、柴薪、鹽、火柴等必需品進行配給販賣，但仍供不應求。日軍為獲取金屬，更運走英人豎立的銅像，甚至將滙豐銀行門口兩隻銅獅像運走，可見當時缺乏資源的劣況。與此同時，黑市走私活動亦頗為沽躍。由於盟軍封鎖香港對外貿易，加上總督部沒有心思重振香港經濟，令香港在淪陷後期糧食嚴重不足，至 1945 年夏季更陷入饑荒邊緣。

淪陷期間的香港民生

從 1942 年中開始，日軍開始在香港印刷沒有任何資產抵押的軍用手票（簡稱軍票）。總督部強迫市民將港幣兌換成軍票，同時逐步禁止港幣流通，無形中掠奪市民財產。日軍從市民手上收繳港元後，卻利用這些港幣在華南地區購買物資、投機炒賣。1945 年，日軍在香港已發行近 20 億圓軍票，價值跟廢紙沒有分別。另外，日軍在淪陷期間亦強迫被俘的滙豐銀行大班祁禮賓（Vandeleur Grayburn）簽發未發行的滙豐銀行鈔票。後來，日軍指控祁禮賓

參與間諜活動，祁氏終被折磨致死。在淪陷期間，日軍極力營造美好的氣氛，例如進行舉行慶祝勝利慶典、出版歌頌日軍的報刊和雜誌、恢復賽馬等。總督部又致力消除昔日政府在港的痕跡，例如將街道名稱改為日本名字，禁止出現英文招牌，並在港島寶雲山興建忠靈塔以紀念陣亡的日軍。

日佔時期的香港軍票

直至 1945 年 8 月，日本宣佈投降，香港社會才逐漸回復和平。在淪陷期間，不少家庭被迫分離，老孺被拋棄，甚至途中餓死、病死。日軍隨意捉人押解離境，屠殺百姓。這些苦難的日子令人痛心，盼望不再在香港歷史中出現。

歷史知識知多點

日佔時期的香港街名

淪陷期間，日本總督磯谷廉介聲稱要和華人發揚東洋本來的文化。他其中一項政策便是更換路牌、交通標誌和告示，將街道、廣場和地方名稱改用日文，譬如皇后大道改稱「明治通」、彌敦道改稱「香取通」、皇后像廣場改稱「昭和廣場」、修頓球場改稱「八幡通廣場」、尖沙咀改稱「湊區」等。

原本名稱	日佔時期名稱
干諾道西	西住吉通
干諾道中	中住吉通
告士打道	東住吉通
皇后大道西	西明治通
皇后大道中	中明治通
皇后大道東	東明治通
德輔道西	西昭和通
德輔道中	東昭和通
般咸道	西大正通
堅道	中大正通（西段）
上亞厘畢道	中大正通（東段）
堅尼地道	東大正通
軒尼詩道	八幡通
怡和街	春日通
高士威道	氷川通（中文：冰川通）
英皇道	豐國通
干德道	出雲通
寶雲道	霧島通
彌敦道	香取通
太子道	鹿島通

⚲ 藏在身邊的史事 ⚲

禮賓府的日式改建建築

　　日佔香港時期，日軍曾興建或改建不少建築，加入日本色彩。其中保留最多日式建築痕跡的便是禮賓府。1942 年 7 月，日軍委託日本建築商清水組改建當時的總督府。由建築師藤村清一負責設計，在總督府內加建日式茶屋、鋪設榻榻米等。總督府東西兩翼之間加建日式塔樓和日式瓦頂。當時昭和時代，建築師為抗衡西式現代主義潮流，刻意在建築中加入日式瓦頂，稱為「帝冠樣式」。香港重光後，港督下令清拆總督府內的日式裝置，惟港督府外觀仍維持「帝冠樣式」，日式瓦頂和塔樓等設計保留至今。

日佔時期港督府擴建一座日式塔樓

54

香港重光

1945 年 8 月 15 日，日本宣佈無條件投降，香港黑暗日子終告完結。日本投降前數年，美國總統羅斯福（Franklin Roosevelt）曾認為英國政府應放棄香港並歸還給中國。當時，國民政府希望能收

香港為重光紀念日舉行紀念儀式

回香港，但因國共關係緊張，為免中國共產黨八路軍和新四軍接收日本佔領區，國民政府犧牲國家利益，只向英國政府抗議交涉，沒有強硬表示要收回香港。另一方面，英國強烈希望戰後保持所有遠東殖民安排，包括東方的香港。因此，國民政府在戰後國際會議上沒提出香港的歸屬問題。

日本正式投降

1945 年 8 月 16 日，日本政府播出日皇裕仁的《終戰詔書》。8 月 23 日，前香港輔政司詹遜（Franklin Gimson）在英國駐重慶大使指示下離開戰俘營，並和赤柱戰俘營內的原港英政府官員組成臨時政府，接收政府資產。1945 年 8 月 30 日，英國海軍少將夏慤（Cecil Harcourt）抵港，並在 9 月 1 日組成軍人政府。香港市區出現慶祝活動，紀念戰爭結束。1945 年 9 月 15 日，中國、英國和日本代表在港督府簽署受降文件，日本正式宣佈投降。

和平紀念碑上分別刻有一戰、二戰年份，以作紀念。

臨時軍政府重建秩序

1945 年 9 月 1 日，夏慤頒佈《軍政府統治公告》，宣佈成立軍政府後，隨即進行一系列的復原措施，包括接收原政府機關和船

塢，釋放盟國戰俘和被囚的英國僑民，盡快恢復水電供應，回復公共設施正常運作等。公共秩序方面，警署、航政署等政府部門率先恢復運作，致力維持社會正常運作。日佔時期遺留不少問題，包括嚴重饑荒和傳染病猖獗傳播，物資短缺，多間民房受破壞等，整個社會猶如廢墟一樣。政府為了社會盡快回復正常，進行了不少管制措施，無論貿易和工商業，還是民生糧食和日用品，都以不同程度統制來分配，又從東南亞地區運來大量糧食到港。這些措施實施長達兩個月。1945 年 11 月，政府管制措施才告結束，大部分物資供求重新以自由貿易方式進行。

戰後急速復原

戰後，香港復原速度驚人。1946 年中，人口已回到戰前水平，商業日漸興旺。軍政府成立 14 個戰犯調查處，審判了二百多名日軍戰犯。日本投降八個月後，平民政府恢復管治。1946 年 5 月 1 日，囚於瀋陽集中營的前港督楊慕琦回到香港復職。當時，政府意識到不能再採用戰前的管治措施，於是改變了一些戰前對華人的措

1946 年有關香港重光週年紀念的報道

施，如華人可在太平山頂擁有物業。至於一些華人曾在日佔時期與日人合作，政府採取寬大措施處理，除曾加害其他市民人身安全外，其他行為大多不予追究。

歷史知識知多點

日本士兵切腹自殺

1945 年 8 月，日軍宣佈投降後，在香港的六千多名日本軍人被關入深水埗集中營。一些日本軍人難以接受日本戰敗的事實。同年 9 月 13 日《德臣西報》記載一名在香港的日本士兵自殺，報章交代該名日本軍人選擇以剖腹方式結束生命，不用割喉方式。日本文化中，以短刀等日本刀切開腹部自殺，源自日本武士傳統。當時，日本戰敗後，一些軍人在不同戰場也以此形式結束生命。

藏在身邊的史事

夏慤道

夏慤道是以第二次世界大戰後率領英軍艦隊由日本來香港接收的海軍少將夏慤而命名。戰後，夏慤頒佈《軍政府統治公告》，宣佈成立軍政府，由他本人出任軍政府首長兼三軍總司令，隨即實行一系列的復原措施。夏慤在 1945 年成為爵士，至 1946 年升為海軍中將。軍政府一直運作至 1946 年 4 月 30 日結束。被俘的港督楊慕琦爵士在 5 月 1 日正式復任，恢復文官政府。軍法管治完結後，夏慤在 6 月離開香港。第二次世界大戰之前，灣仔告士打道和中環干諾道中被海軍船塢分隔開來，來往兩地十分不便。1950 年代，政府在海軍船塢的北岸進行填海，即原本軍艦添馬艦停泊的地方。1959 年 11 月，船塢遷至填海地段後，原有地段開闢成新道路，命名為夏慤道，在 1961 年通車。

55
知識分子南下香港

自英國強佔香港後，西方文化慢慢發展。香港成為一個中西文化交流的地方，既有中國傳統文化，亦有西方外來文化，兩者融合創出新的文化。如香港人語言中英夾雜，一些論者認為不好，但亦是本地的特色。十九至二十世紀，內地政局有不少變動，一些文人遷居香港，為本地文化添上不少色彩。

十九世紀來港的知識分子

十九世紀中期，其中一位來港的內地學者便是王韜。他因被捲入太平天國亂事，逃至香港。當時，他得到倫敦傳道會教士理雅各（James Legge）援助，留港繼續發展。在香港期間，他協助翻譯五經，將中國典籍傳揚至西方。他更經營出版事業，創立中華印務總局，開辦《循環日報》。《循環日報》是首份香港華人創辦的

報章，對推動中文傳媒發展扮演重要的角色。

二十世紀來港的國學大師

1911 年，辛亥革命爆發。一年後，清帝宣佈退位，清朝滅亡。一些清朝遺老南下至港，繼續推動國學。其中一位著名的學者便是賴際熙。他被政府受聘於香港大學，教授中國經學和歷史。後來，賴際熙向本地富商集資，成立學海書樓，由一些前清的官員向公眾講述孔孟經典。書樓內收藏大量古代典籍，經史子集皆有，供市民大眾閱覽，這可說是香港最早期的圖書館。1925 年，漢學專家金文泰就任港督後，曾諮詢賴際熙的意見，決定改善香港中文教育。其後，香港大學成立中文系，全力推動國學。

二十世紀來港的新文化學者

二十世紀初，除一些清朝遺老來港外，新文化運動推動者魯迅也曾來港發表演說，推動新文化。1927 年 2 月 18 日和 19 日，魯迅在上環基督教青年會中央會所主持兩場演講，題目分別是「無聲的中國」和「老調子已經唱完」。當時天氣欠佳，兩天均下著雨，但小禮堂依然座無虛席，人數有五百多人。兩場演講被譽為香港新文學開端的催化劑。他在演講中鼓勵青年

○○先生抵港

周魯迅孫伏園兩先生來港、演講之訊、前曾經本報揭載、聞周先生已於昨日來港、昨晚在青年會演講無聲的中國、聽講者異常擁擠、但孫伏園先生因有要事未克來港、惟周先生已允於今日下午三時再作演講一次、題目與昨日不同、凡持有孫伏園先生演講人劵券者、屆時皆可入場云、

1927 年有關魯迅來港演講的報道

魯迅在香港演講

們可以將中國變成一個有聲的中國，大膽地說話，勇敢地進行，忘掉了一切利害，推開了古人，將自己的真心話發表出來。

香港大學中文教育發展

　　另一近代重要文人便是胡適。1935 年，胡適來港接受香港大學頒發榮譽博士學位。他除接受學位外，更在香港大學主持演講，題為「中國文藝復興」，他用英語演講，會場座無虛席，歷一個半小時的演講，場內靜寂無聲，觀眾全神貫注。後來，香港大學希望聘請他來主持中文教育，但他沒有來，最後推薦許地山擔任香港大學中文系主任。許地山改革昔日賴際熙以經史為主軸的教學方針，以現代學科角度重整課程，改變中文系的發展方向。許地山由燕京大學南來，原本不計劃長留，最終在香港寫下長篇小說《玉官》，也在香港離世。

四十餘文化團體
昨追悼許地山
張一麐主席致開會辭
葉恭綽宣讀大會祭文

1941 年有關許地山追悼會的報道

大戰前後來港的知識分子

二十世紀三十年代以後，不少知識分子也因政局關係，南訪香港，如蔡元培、巴金、郭沫若、茅盾、蕭紅、張愛玲等，除在此生活外，更創作了一些作品。以張愛玲為例，香港大學榮譽教授、文學評論學者許子東指出她最有名的小說大概有一半在寫香港。她在香港形成了世界主義價值觀，其作品特別關注華洋雜處的環境，包括描寫華人和洋人的戀愛和婚姻等。另一方面，香港印刷業蓬勃，資訊流通快捷，有利學者發表和創作作品。如從上海來港的戴望舒、劉以鬯、葉靈鳳等擔任報刊編輯，將香港報章副刊辦得有聲有色，不少優秀作品得以發表，深受讀者歡迎，推動香港文化發展。

香港是東西文化匯合的地方。新文化可進入，舊文化能保留。文人學者來港推動文化不斷向前，令文化氣息愈來愈濃厚，有利培育新一代文人學者。1949 年後，唐君毅、錢穆、勞思光、羅香林等學者來港，推動香港文史哲發展，令本港文化更放異彩。

歷史知識知多點

新亞書院

新亞書院創立於 1949 年，位於新界沙田馬料水，現時為香港中文大學成員書院。新亞書院前身是「亞洲文商學院」，成立於 1949 年，由錢穆、唐君毅、張丕介等學者所創。學院初期規模極小，師生只有數十人，租用佐敦道三間課室上課。其後遷至深水埗桂林街租用三、四樓兩層作為校舍。1950 年易名為新亞書院。後來，新亞書院漸獲香港社會及國際團體援助，包括雅禮協會、福特基金會和香港政府等。1953 年，新亞書院在各方支持下成立新亞研究所，校舍設於太子道，由錢穆兼任所長。1956 年，由福特基金會捐建的農圃道第一期校舍建成並遷入。校園佔地四萬餘方尺。1963 年農圃道第二、三期校舍全部落成，全部建築費由雅禮協會及香港政府撥助。此時，新亞書院各項設施及學院架構都漸臻完善，設有文學院、理學院和商學及社會科學學院。1963 年，香港中文大學成立，新亞書院成為成員書院之一。1973 年大學沙田校舍落成，書院遷入，發展至今。

🔍 藏在身邊的史事 🔍

上環基督教青年會

上環的必列者士街會所原名中央會所，在 1918 年建成。這座建築物是基督教青年會 1966 年前在香港的總部。整座建築樓高六層，以紅磚和混凝土建成，設計簡約工整。二十世紀初，香港缺乏大型的禮堂，加上這座建築物設施完備。因此，不少重要活動如大型演講、展覽等均在此進行。其中最廣為人知的便是 1927 年 2 月 18 日和 19 日，著名學者魯迅應基督教青年會和香港大學的邀請，一連兩日在此發表的兩場演講，主題分別是「無聲的中國」和「老調子已經唱完」，內容主要關於推動白話文和解說文字改革的意義。當時，禮堂座無虛席。這兩場演講被譽為香港新文學起點，是文學界一大盛事。

現代篇

56

朝鮮戰爭與香港

1945 年，第二次世界大戰完結。可惜，太平日子並不長久。五年後，亞洲又燃起戰火。1950 年 6 月 25 日，朝鮮戰爭爆發。中國和朝鮮是盟友，美國則支持韓國。當時，美國和聯合國促請其他國家對中國實施禁運，希望以此作出牽制。英

1950 年有關美國對中國實施禁運的報道

美是盟友，立場一致，因此對中國實行禁運。頓時，香港和內地貿易斷絕，香港經濟受到重創。

英皇喬治六世

禁運嚴重影響經濟

　　禁運前，香港是中國對外貿易的窗口。不少外國貨物經香港輸入內地，香港運輸業發展蓬勃。另一方面，香港本土資源不足，食品等大多依靠內地供應，如牲畜和乾貨等。1938 年，香港

1951 年有關香港因禁運而大受打擊的報道

和內地的貿易佔香港貿易總額高達約 40%。1952 年，貿易額只有 66.78 億元，比上一年減少 26.25 億元，接近減少了三分之一。1954 年的貿易總額更只相等於 1951 年的 63%。

由此可見，禁運事件嚴重影響香港經濟。

禁運下的機遇

雖然如此，禁運亦為香港航運業發展提供機遇。即使香港政府對出口加設諸多限制。一些香港商人和船東仍通過不同渠道與內地進行貿易，如曹文錦和霍英東等。曹文錦利用時機擴展其船隊和航運公司，朝鮮戰爭爆發後，

1951 年有關禁運下香港紡織業衰落的報道

他冒著風險，繼續從事往返香港與內地之間的航運，獲得巨大利潤。後來，他成立萬邦航運公司，生意擴大至日本。霍英東在戰時將大量戰略物資運至內地，如鐵板、汽油等，支援抗美援朝，獲得中國政府信任，後來更成為全國政協副主席。

面對突如其來的轉變，香港經濟不得不轉型以作出回應。雖然當時禁運下入口原材料及出口困難重重，但一些商家不怕艱辛，努力推動輕工業發展，紡織、製衣、金屬、搪瓷、塑膠和造

鞋等工種如雨後春筍般蓬勃起來。當時，一些內地民眾因局勢關係遷至香港，本地人口急速增長。香港發展的輕工業正需要大量人手，外來的人口剛好提供足夠的勞動力。除了工業大廈的工廠外，亦有一些家庭式的山寨工廠。另外，一些由上海和廣州來的商家南移香港，在港投資工業。及至六十年代，香港工業才有較全面的發展。

歷史知識知多點

工人要求政府成立救濟機構回應禁運

　　1951 年 1 月，港九工會聯合會提出希望政府迅速解決禁運下的原料問題和市場問題，並要求政府成立救濟機構，發救濟米，支援失業工人。當時，禁運除令航運需求大減，影響海員及相關工人外，更影響到工業發展。1951 年，小型織造廠有十分之三停工。禁運下，織針缺乏。昔日每枝只要 4 仙，現升至 5 角，也難找到。藤皮由每斤 2 元 2 角升至 3 元 3 角。樹膠原材料由一磅 1 元 2 角升至 16 元。由此可見，禁運下香港對外貿易和工業發展困難重重。

藏在身邊的史事

九龍倉碼頭

　　現時的海港城中心本是九龍倉碼頭。九龍倉碼頭是香港開埠初期的貨倉碼頭,自九龍半島在 1860 年割讓予英國後,發展日盛。1886 年,香港九龍碼頭及貨倉有限公司(即今九龍倉集團)和怡和洋行在九龍尖沙咀海旁建立碼頭。這是當時九龍規模最大的碼頭。至二十世紀,不少遊人乘郵輪在這個碼頭上岸。據 1936 年 5 月 3 日《華字日報》載:尖沙咀九龍倉碼頭,巨舶雲集,遊客眾多,有等商人乃在該碼頭之附近空曠地點,開設小型商店,擺賣古玩、金石、絲織品及一切富有東方色彩的工藝品,以投遊客所好。此種小型商店,不下三、四十間。六十年代,商業發展更為興旺。1963 年,九龍倉碼頭公司將原本的第一號碼頭重建成樓高四層的海運大廈(即今海港城),成為當時罕有的集商場和郵輪碼頭於一身的建築物。1965 年,九龍倉碼頭公司再改進部分碼頭貨倉地段,改建為馬可孛羅香港酒店及海運戲院。七十年代,現代化的葵涌貨櫃碼頭啟用,九龍倉碼頭被取代,碼頭便改建為由商業大廈、酒店及商場組成的海港城建築群。

1966 年有關海運大廈啟用禮的報道

57

石硤尾大火與
徙置區發展

1945 年，日本戰敗，中國政局亦發生巨變。不少內地居民遷居香港。頓時，香港人口急增，衍生居住問題。一些人因收入低微，負擔不到市區房租，被迫在山邊自搭木屋居住。這些木屋大多簡陋，沒有防火設施。1953 年 12 月 25 日晚上 9 時，深水埗白田村木屋區發生了一場前所未有的大火災。這場火災改變了香港房屋的發展。

石硤尾大火

石硤尾大火一發不可收拾

　　這場大火的源頭來自白田村中約，後來蔓延至上村，其後分散為三個大火頭，小火頭更不計其數。因火場缺乏水源，消防員救火異常艱辛。木屋區內小巷狹窄，不少災民由火場逃走，消防員反而進入火場。大家出入同一小巷，既影響逃生又妨礙救火。10 時，消防局總局長高民發出命令，要全港消防員總動員來現場支援。及至翌日（12 月 26 日）凌晨 2

1953 年有關石硤尾大火的報道

時 30 分，火勢才受到控制。最後，白田上村、白田中約、白田下村、石硤尾村、窩仔上村和窩仔下村全部被焚毀。

手工業失火引致災禍

　　根據《1954 年香港年報》記載，災民多達 58,000 人。火災撲滅後，政府派了四萬份飯給災民、鄰近火場的嘉頓公司亦派了 500磅餅乾給災民。由此可見，當時火災嚴重。後來，消防局總局長高民形容這場大火為「火的風暴」，他指出大火起因是溶膠傾倒於火水爐所引致。溶膠是用於製造膠鞋的，當時，一位石硤尾村民在家中用溶膠製作膠鞋，因意外推倒附有電油的樹膠溶液而引起火災。最後，大火一發不可收拾，禍及其他木屋。

1953 年 12 月 27 日《華僑日報》記錄,直至 26 日的災情如下:

村名	木屋間數	戶數	人數	死傷數
白田上村	450	2,100	7,000	傷 3 至 4 人
白田中約	400	2,850	8,650	
白田下村	241	1,283	6,200	
石硤尾村	474	2,312	9,696	死 1 人
窩仔上村	615	3,050	約 10,000	
窩仔下村	400	2,000 餘	7,000	
總計	2,580	15,040	48,000	

政府在災後改變房屋政策

　　石硤尾大火發生後,政府開始
興建房屋讓災民棲身,這些房屋稱為
徙置大廈。石硤尾邨是第一個徙置屋
邨。至六十年代,這些租住房屋改稱
為新區,給大眾的感覺是新發展的地
區,並非強制被徙置。房屋名稱改變
代表政府政策取向改變,由昔日安
置貧苦大眾讓其「有瓦遮頭」,改變

有關徙置區改名的報道

為發展新地區給低下階層。除石硤尾邨外,尚有大坑東、李鄭屋
邨、雞寮、老虎岩等。當時,政府除設立徙置事務處負責興建徙置
屋邨外,亦設置房宇建設委員會,提供較佳質素的房屋給中下階

層人士，如北角邨、彩虹邨、和樂邨、福來邨等等。及至七十年代，政府成立房屋委員會，合併原有的徙置事務處及房宇建設委員會，全部公營房屋改稱為公共屋邨。由這時開始，政府推出十年建屋計劃，大力推動公屋發展。1978 年，政府更推出居者有其屋，開始出售公營房屋。政府的角色大大改變，由昔日只提供租住公屋變為出售公營房屋，讓市民擁有自己資產，安居樂業。

歷史知識知多點

包寧平房

　　石硤尾火災後，政府決定先興建一些臨時房屋來安置災民。1954 年 1 月 26 日上午，工務局局長包寧（Theodore Bowring）主持施工儀式。他指出：「余司保證此項工程建屋，決心繼續辦理，直至每一災民，均獲安置於現代形式，具衛生設備以及防火之住屋。」這些臨時房屋數量大約有八千個，被稱為「包寧平房」（Bowring Bungalows），以當時工務局局長的姓名來命名。平房用磚、石屎和瓦通等修建而成，不用打樁。建築工人大約用 13 天便可建成一座。這些平房樓高兩層，每個單位約為 10 呎乘 15 呎，可供三至四人居住。入住者要共用廚房及廁所，但相比露宿街頭好很多。後來，徙置大廈建成後，災民遷出包寧平房。包寧平房也完成了其歷史任務。

藏在身邊的史事

美荷樓

　　石硤尾火災後，政府興建徙置大廈安置災民。這些第一代徙置大廈是「H」型。後來隨著人們生活素質提升，政府拆卸這些徙置大廈，重建新的公共屋邨大廈。現時碩果僅存的「H」形六層徙置大廈只有石硤尾 41 座美荷樓。古物古蹟辦事處被評為二級歷史建築。後來，政府耗資 2.2 億港元保育美荷樓，成為青年旅舍和小型博物館美荷樓生活館，於 2013 年 12 月開幕。昔日，美荷樓每個單位面積均為 120 平方呎，可容納五個成人，單位內沒有水供應，僅在中央部分設有公共水喉、廁所和浴室。這些房間佈置在美荷樓生活館展示，供參觀者了解昔日徙置區的生活。

美荷樓保育前後之外貌

58

東江水越山而來

第二次世界大戰後，香港社會復常，人口急增加，人們對食水的需求也不斷增加。當時，政府已意識到只靠儲存雨水難以應付急增的食水需求，向廣東省購買淡水是最便捷的方法。1960年11月15日，政府與廣東省達成協議，每年從深圳水庫輸入2,270萬立方米原水。協議簽訂後，社會有些論者持不同意見。1963年12月10日《工商日報》載有論者批評政府不夠現實，因內地亦面對旱災問題，故不應向內地購水。

興建東江輸水設施

當時，內地輸送東江水至港，要至少在東江至深圳水庫之間興建泵水站四個，這四個泵水站興建費用大約為1,500萬元左右。除泵水站外，廣東省政府更要興建運河導引東江水至深圳水庫。最

初，廣東省政府計劃在 1965 年 10 月前建成東江水相關供水系統，包括泵水站和輸水運河，再於 10 月 1 日開始供水至香港。

工程提早完成

　　後來，工程進展順利，改早至 3 月 1 日便可以供水，每年的供水量為 150 億加侖。水費每千加侖是以一元六分，比以前的水費加了四倍左右。1960 年舊協定是廣東省每年供水 50 億，水費每千加侖是二角三分四厘。新協議在 1964 年 4 月 22 日簽訂，由香港政府代表毛瑾（T. O. Morgan）和廣東省人民委員會代表劉兆倫簽署。水費增加與供水設施加建有關，內地為香港供水增添不少費用高昂

東江水
輸港工程圖

的設施，一切也是為支援香港食水供應。整個供水工程路線長達83公里，流域面積逾 1,360 平方公里。

香港建輸水系統配合

過去，內地一直支援香港的食水供應。如前所述，早在 1960 年已有協議供水。1963 年，香港發生嚴重乾旱，除了由水庫供水至港外，當時廣東省省長陳郁更同意香港派船隻至珠江運水到香港。配合東江水至港，香港興建大型抽水站、水管和隧道，將東江水輸往香港各區。如 1964 年便興建 48 吋口徑的新水管，將東江水引入梧桐河的抽水系統，然後再用一對新造的 54 吋口徑水管輸入本港內部水塘系統，供給本港各地使用。

有關舉行東江水供水儀式的報道

東江水保障香港民生

第一份協議在 1960 年簽訂，至 2023 年，兩地政府合共簽訂 13 份供水協議。全部協議均依據香港食水需求預測來制訂，當中配合香港人口變化、工商業發展等因素。自此之後，本港食水供應漸趨穩定，市民大眾的生活得到保障。有了安穩的水源供應，香港無論在民生、工商業等方面也有良好的發展。

歷史知識知多點

本港四大戲院播放東江水電影

　　東江水供港後，本港四大戲院普慶、珠江、國泰和高陞播放東江水的紀錄片電影《東江之水越山來》，內容涵蓋整個深圳供水工程建設過程。當在普慶戲院優先放映時，戲院門內外擺放各界送來的花籃，大堂正中放置了東江深圳供水工程的立體模型。9 時半的一場優先放映，戲票早在前兩天已給預訂一空。為這套紀錄片擔任旁白是著名明星鮑方和梁珊。

電影《東江之水越山來》畫面

🔍 藏在身邊的史事 🔍

鄔勵德

　　1965 年 3 月 1 日，東江水開始供港。同日，深圳舉行供水儀式，香港出席代表有當時的工務司鄔勵德（Alec Michael Wright）。現時，房屋協會在大坑興建的勵德邨便是以他命名，於 1975 至 1976 年間落成，紀念他對香港公營房屋的貢獻。除此之外，鄔勵德對本港水務發展，也貢獻良多。在他任內，首先推動了東江水供港工程，另在新界大埔修築的船灣淡水湖，在 1968 年落成啟用。這是當時全港平面面積和儲水量最大的水塘。船灣淡水湖是全球首個在海中建造的水塘，透過興建堤壩圍堵海灣修建而成。1969 年，他再次建議在糧船灣洲和西貢半島東部之間興建全新的水塘。水塘建造工程在他卸任後才正式展開，至 1978 年落成，後來命名為萬宜水庫。

59
無線電視廣播

六十年代，電訊廣播科技發展日盛。1964 年，政府有意發出無線電視牌照，吸引多個企業參與競標。根據 1966 年 1 月 27 日《大公報》記載當時共有八間企業競投，最終由希慎興業大股東利氏家族、余仁生家族成員余經緯、邵逸夫旗下邵氏兄弟（香港）有限公司、機利文洋行（現太平洋行）等合組的香港電視廣播有限公司投得，董事長是利孝和。他是利希慎置業董事、香港旅遊協會主席和文華酒店董事長。政府表示電視廣播有限公司是根據 1964 年電視法例開設及經營無線電視執照之投標所得，執照有效期為 15 年，首 5 年每年將繳付 10% 營收予政府作為專利稅。

重本推動無線廣播

資本方面，電視廣播有限公司股本是一千萬，絕大部分在香港籌集。該公司決定無論個別或聯合，不得擁有發行股份 15% 以上。當時，香港只有有線電視，由麗的呼聲經營。當電視廣播有限公司投得無線電視牌照後，麗的呼聲發表聲明，指出無線電視出現，不會對麗的呼聲的未來業務有任何重大的影響。設施方面，電視廣播有限公司初期發展時在港九各地設立七個發射站，進行電視廣播。當興建慈雲山發射站時更發現抗日戰爭時日軍修建的秘密隧道，成為當時市民大眾的熱話。1966 年，該公司投得位於龍翔道新九龍地段 5104 號，面積為 51,000 平方呎，在此興建電視台。

人才濟濟節目多元

人才方面，該公司聘請貝諾（Colin Bednall）為總經理。他是經驗豐富的傳媒人，未加入電視界前，在《每日郵報》任副編輯，之後在澳洲《每日鏡報》任總經理。1952 年，他被澳洲政府任命開展澳洲電視計劃，四年後成為第一間在澳洲領得牌照的電視上管人。幕前幕後方面，電視廣播有限公司邀請一些著名藝人加盟，如粵劇名伶梁醒波。1967 年 7 月 7 日《工商晚報》載梁氏會出演一個星期一至五，每晚一小時的雜藝表演節目，這便是家傳戶曉的《歡樂今宵》。另一位出色人才便是鍾景輝，他曾在耶魯大學攻讀戲劇碩士課程，後來被該公司招攬為高級編導。

節目《歡樂今宵》

全方位推廣宣傳

當時的有線電視是以黑白形式放映的。根據 1966 年 10 月 2 日
《工商日報》記載，當時電視廣播有限公司總經理說電視台將設有
供給本港彩色電視的設備。對當時的市民來說，彩色電視是一個新
概念，十分前衛。後來，該公司更向仁記洋行簽約，訂購五座由
英國碧雅電視廠製作的 25 吋彩色電視機。為了加強宣傳，電視廣
播有限公司在 1967 年啟播前在尖沙咀海運大廈大堂舉辦為期一個
月的無線電視機展覽和試播活動。35 個生產商提供百多部電視機
展示，最廉價的一部是港產 9 吋黑白電視機，售價 395 元，而最貴
的歐洲名廠彩色電視機，一部售價 4,800 多元。當時政府文員二至
十級的月薪，為 415 至 5,000 元，一般市民的月薪都在 1,000 元以
下。雖然那時收看無線電視節目不用收費，但擁有無線電視機和擁
有有線電視機一樣，需要每年向政府繳付 36 元牌照費。到 1972 年

4 月 1 日，政府認為電視機不再屬於奢侈品，才取消牌照費用。試播時間由中午 12 時至下午 3 時及下午 5 時至晚上 7 時 30 分，星期一、三、五播放粵語長片，其餘時段會播放明星訪問、時裝表演和唱歌節目等等。當時，每天大約有二萬人到訪海運大廈，盛況空前。政府新聞處電影組主任更派員拍攝成紀錄片，編入今日香港片集，在戲院中播放。

首播盛況吸引全港

到了 1967 年 11 月 19 日（週日）啟播當天，中英文台在早上 9 時便開始現場直播澳門舉行的格蘭披治大賽車。直至下午 4 時，港督戴麟趾（David Trench）乘坐直升機飛抵位於廣播道的電視廣播有限公司新廈，親臨主持啟播儀式。當時，不少市民已購買了電視機。據有關資料顯示，

無線電視開台廣告

該年 8 月和 9 月，兩個月內已售出 4,076 部電視，其中 3,571 部電視是兩用，即可接收有線電視和無線電視。

歷史知識知多點

電視首播新生嬰兒獲大獎

電視廣播有限公司為慶祝在 1967 年 11 月 19 日首播，當天首名誕生的嬰兒獲得巨獎。獎品為賀金 100 元、金牌一個、嬰兒用品一批（包括嬰兒車、搖籃和尿布等）、永安銀行存款 500 元。1967 年 11 月 19 日 0 時 15 分誕生的首名嬰兒為女嬰朱燕萍，體重 8 磅 9 安士。禮物由東華三院署理主席葉榮昌頒給嬰兒母親。由此可見，無線電視首播是一大盛事。

🔍 藏在身邊的史事 🔍

星輝豪庭

星輝豪庭前身便是電視廣播有限公司原有電視台位置。1988 年，無線電視由九龍塘廣播道 63 號遷至新界清水灣，總部命名為清水灣無線電視廣播城。新聞及公共事務部佔用原址大樓，直至 1993 年 4 月 11 日才遷入電視城新建的「電視廣播大廈」。後來長江實業發展這個地段發展成豪宅，在 2000 年落成，命名為星輝豪庭，共有兩座物業，每座樓高 14 層，合共提供 178 個單位。

60

香港中文大學與
中文教育發展

香港中文大學在 1963 年由崇基學院、新亞書院和聯合書院三間學院合併而成。

五十年代末，社會大眾已期望有一間具中國特色的本地大學。1959 年，政府公佈有意設立第二間大學，在財政上補助本港若干間中文專上學校，按步發展以達至未來大學的地位。1959 年底，英國教育專家富爾敦（John Fulton）來港研究本港專上學校。

香港中文大學紋章

香港中文大學林蔭大道

成立委員會建第二間大學

1961 年，中文大學籌備委員會成立，並派代表去英國進行考察。1962 年 5 月 3 日《華僑日報》指獲得可靠消息，香港規劃已久的中文大學可於 1963 年成立，極有可能命名為華夏大學。雖然最終大學名稱不是華夏大學，但從中可見當時的中文大學籌備委員會所建議成立的大學是以教授中華文化為主。

大學選址決定於沙田

1962 年 5 月 9 日，中文大學顧問委員會成立，主席由英國修適士大學副校長富爾敦擔任。委員會權力包括建議大學成立日期、舉行首屆學位考試的日期、擬訂該大學的組織法草案和大學經費撥款建議等。當時，港督柏立基（Robert Black）指出大家切勿以為這間大學需要與香港大學在任何方面競爭，兩校應各自

發展，揚其特點，彼此往還。大學的總部初步建議設於沙田紅梅谷。當時，沙田列入新市鎮計劃，將興建通往九龍獅子山公路系統，大學交通發達，有利發展。

大學選書院式美制

1962 年 7 月 26 日，中文大學顧問委員會主席富爾敦來港為中文大學提供意見。他表示贊成在香港開辦聯名制中文大學，以崇基、聯合、新亞為基礎，將來中文大學成立後，三間成員學院應保持其特色。當時，委員會成員李卓敏教授指出香港大學學額已滿，台灣等地亦學額有限，香港極有需要創立一間新大學。他更指出新大學應採用美國制度四年制學士學位安排。1962 年 12 月 13 日《工商晚報》載崇基、新亞和聯合三間書院之代表建議新大學名稱為南海、明漢、九龍和沙田等，後兩者已被否決，決定將前兩者送給政府參考。一些學者則有其他建議，如著名歷史學者黃福鑾建議新大學名字作太平大學，代表香港地理位於太平洋和中國政治思想理想是天下太平。

中文大學名稱確定

1963 年 4 月，《富爾敦報告書》刊印，建議新大學的成立日期應在 1963 年 9 月 30 日，預計第一年學生人數是 1,800 人，職員是 225 人，每年學費約收 1,000 元。1963 年 7 月 2 日，政府經過考慮，決定將新大學命名為香港中文大學。這個名稱普遍得到學界和

市民大眾支持，如新亞書院院長錢穆認為此名是良好而適當的，因將來大學以中文為授課媒介。1963年7月，政府決定大學不建於紅梅谷，因紅梅谷涉及拆遷鄉村及賠償等因素，調解需時，改於馬料水建校，可以省卻不少時間，更快建成新的大學。

1963年有關富爾敦促成立中文大學的報道

中文大學推動中文發展

1963年9月，立法局通過《香港中文大學條例》。1963年10月17日，香港中文大學正式成立，成為本港第二間大學。當天，香港大會堂舉

有關香港中文大學成立的報道

行創校典禮，港督柏立基主持致辭，委任關祖堯為校董會主席、來自加州大學伯克利分校的李卓敏博士為中大首任校長。大學設文學院、理學院及工商管理學院。香港中文大學成立後，社會大眾對中文逐漸重視起來。1964年，香港革新會率先建議將中文設為法定語言，市政局議員貝納祺（Brook Bernacchi）為此提出動議。1967年，鄉議局亦向政府提出類似的建議。1968年，香港中文大學崇基學院舉行中文研討會，為日後中文運動拉開帷幕。研討會後，學界發表聯合公報，爭取中英地位平等。後來經過市民大眾多番努力爭取，1974年，政府立法通過中文與英文享有同等法律地位。

歷史知識知多點

中大成立時普天同慶

　　1963 年 10 月 17 日，香港中文大學成立時，崇基、聯合和新亞三院一起慶祝。其中包括環島遊河會，三院學生均可參加，學生可於下午 2 時正在九龍公眾碼頭上船，或下午 2 時 15 分在皇后碼頭上船。書院準備了兩艘大遊艇進行活動，活動有遊戲節目、幸運抽獎和餐飲等，目的是增進三院學生之友誼。另外，崇基、聯合和新亞三院會各自設宴款待其餘兩間院校。第三，三間書院舉辦第一屆聯合舞會，在大會堂舉行，港督柏立基和社會名流士紳也有參加。

藏在身邊的史事

大學站

　　東鐵線大學站原本稱為馬料水站。這個鐵路站在 1956 年 9 月 24 日啟用。當時，香港中文大學仍未落成。啟用初期，班次非常稀疏，每日只有南北行各三班。1963 年，香港中文大學逐步落成，這站人流漸多。馬料水站中文名稱和大學不太相配，因此，九廣鐵路局在 1966 年 12 月 11 日將馬料水站改名為大學站，於翌年 1 月 1 日起正式生效。

61

五、六十年代
的暴動

五、六十年代，香港曾發生數次暴動，市民生活不太安穩。
後來，市民大眾團結齊心，一起渡過難關，香港才回復平和。這段
時間香港共發生了三次暴動，分別是 1956 年暴動、1966 年暴動和
1967 年暴動。

1956 年暴動

1956 年暴動發生於 1956 年 10 月 10 日至 10 月 12 日。事件起
源自徙置事務處職員在 10 月 10 日處理拆除懸掛在李鄭屋徙置區
的國民黨政府旗幟和大型雙十慶祝牌而引致。一些群眾得知後，
號召其他支持者包圍徙置區辦事處。當時，警員到場，勸阻民眾
離開。後來，雙方發生衝突，暴動不斷擴大。瑞士駐港領事館副
領事兼參贊恩斯特（Fritz Ernst）伉儷座駕被暴徒推倒及焚燒，造

成恩斯特重傷，其妻死亡。最終，事件導致 60 人喪生，超過 300 人受傷。

1966 年暴動

　　1966 年的暴動與天星小輪加價有關。1965 年 10 月，往來中環和尖沙咀的天星小輪向政府申請加價，頭等由二角增加至二角五仙，二等收費則維持一毫不變。當時，海底隧道仍未興建，渡輪是唯一可渡海的交通工具。市民大眾對天星小輪加價反應強烈，大表不滿，擔心會引發加價潮。1966 年 4 月 4 日，青年蘇守忠手持紙張寫著「絕飲食，反加價潮」，在中環發起絕食抗議。4 月 5 日，警察以阻街為理由拘捕他。當晚，多名青年在尖沙咀天星碼頭示威，沿廣東道遊行，不少群眾跟隨，最終爆發警民衝突，九龍連續兩個晚上出現騷亂。政府出動警察平亂。暴動造成 1 人死亡，26 人受傷。天星小輪最後在 4 月 26 日獲政府批准加價，並於 5 月 2 日開始新收費。

眾人發起絕食抗議

1967 年暴動

1967 年的「六七暴動」與內地「文化大革命」有關。這場暴動在 1967 年 5 月 6 日開始，同年 12 月基本結束。5 月，九龍新蒲崗大有街新蒲崗塑膠花廠發生勞資糾紛，後來引發工潮。5 月 11 日，工潮演變成暴動。這場暴動在「文化大革命」影響下，演變為民眾對抗香港政府的暴動。由最初罷工、示威，發展至後來的炸彈放置和槍戰。暴動期間，最少造成包括 10 名警員在內的 51 人死亡，包括 212 名警員在內的 802 人受傷。事件涉及多達一千多個炸彈。

政府事後檢討反思

三次暴動後，政府作出檢討跟進。如 1956 年《九龍及荃灣暴動報告書》附有港督葛量洪（Alexander Grantham）呈交英國政府書函，報告分析當時社會狀態，尤其徙置區人口密度高，若有交通失事、口角相爭，輕易便有過百人聚集，若數分鐘內不處理好，便容易發生暴動。又如《一九六六年九龍騷動調查委員會報告書》將 1966 年暴動分為兩個階段，指出後期示威已和反對天星小輪加價一事脫離。委員會認為暴動不是有組織和有預謀的，只是示威演變至後期一發不可收拾。由於青年人是暴動中的活躍分子，報告書重點是青年政策，談如何協助他們建立對香港的歸屬感。回應 1967 年暴動，政府撰寫兩份官方報告，兩份報告均以時序、日子記敘暴動過程和其間大小衝突，以及政府如何面對暴動，包括成

立不同臨時委員會等。這三次暴動對政府管治可說是當頭棒喝。後來，港督麥理浩（Murray MacLehose）上任後，進行連番改革，包括教育、房屋、經濟、醫療和康樂等，社會逐漸回復正常。

歷史知識知多點

1956 年暴動爆發點

　　1956 年 10 月 10 日上午 11 時 30 分，一名華籍徙置事務處督察以職責所在，將貼於徙置區的若干旗幟除去，引起民眾爭執。下午 1 時，數十人包圍徙置事務處辦事處，後增加至幾百人，徙置事務處職員報警。七至八名警員到場，已被打至遍體鱗傷。辦事處職員李之茂被刀刺傷。他拚命走至順寧道和永隆道交界處，便倒地不起，被尾隨的群眾繼續毆打。與此同時，徙置事務處的抽屜被打開，現金被搶劫，隨後室內的物品被破壞，包括收音機、電話、風扇等，一些物品被拋出辦事處，被人放火燃燒。

藏在身邊的史事

新蒲崗

　　1967 年的暴動發生於新蒲崗，新蒲崗的名稱與蒲崗之名有關。蒲崗一名源自蒲田和山崗，原址是新蒲崗西北角彩虹道遊樂場一帶。1942 年，日軍為了擴建機場，驅散蒲崗村村民，削去大部分蒲崗山，拆毀村落。1945 年，日軍戰敗，啟德機場位於九龍灣填海地的 13／31 跑道啟用，取代舊跑道。舊跑道一帶後來發展成工業區，不少商人在此投資工廠。因為該處位於蒲崗附近，因此命名為「新蒲崗」。

1967 年暴動發生於新蒲崗

62
廉政公署

廉政公署成立於 1974 年，透過預防、教育和執法三種方法來打擊貪污。在政府和市民大眾支持下，香港成為全球最廉潔的地方之一。然而，廉署成立前，香港貪污情況十分嚴重，市民大眾生活於困苦之中。

昔日貪污橫行

六十年代，香港人口急速增長，工業蓬勃發展，經濟逐漸起飛。可惜，人口不斷增加時，社會資源未能趕及需求。在這種環境下，貪污歪風漸漸出現。市民大眾為生計和盡早獲得公共服務（如房屋、醫療、教育等），都被迫使用走後門方式。不少公職人員或企業員工會收取茶錢、黑錢等，他們用盡各種方式來收取賄賂，名堂層出不窮。市民無奈接受，成為生活的一部分。例如救護人員接

送病人前往醫院前，向病人家屬索取茶錢；病人又要打賞醫院阿嬸，才可取得食水等；又如輪候公屋、申請入學等；也要賄賂有關職員。不良貪污風氣在警隊中更為嚴重。受賄警察更包庇黃、賭、毒等各種非法罪行，社會治安秩序受到嚴重威脅。市民雖飽受貪污禍害，卻敢怒不敢言，不知如何投訴。

葛柏事件社會要求減貪

　　七十年代初，教育日漸普及，社會匯聚強大輿論壓力。市民大眾不斷向政府提出訴求，希望打擊貪污，回復正常生活。最後，葛柏事件令民怨升至沸點。1973 年，總警司葛柏（Peter Godber）被調查發現擁有超過 430 萬港元財富，懷疑是由貪污獲得。當時，律政司要求葛柏在一星期內解釋財富來源。葛柏卻在這刻逃到英國。葛柏潛逃消息令全港震怒，民怨瞬即爆發。一些學生在維多利亞公園舉行集會，抗議和批評政府執法不力，未能處理貪污問題，集會獲得數千市民支持。後來，市民手持寫著「反貪污、捉葛柏」的橫額在街上遊行示威，要求政府緝拿葛柏歸案。

市民集會遊行要求捉拿葛柏

回應民怨成立反貪機構

政府面對市民強烈要求，明白必須要有行動。葛柏潛逃後，高級副按察司百里渠（Alastair Blair-Kerr）組織一個調查委員會調查葛柏潛逃事件。百里渠發表兩份調查報告，在第二份調查

廉政公署標誌

報告書內，明確指出：「有識之士一般認為除非反貪污部能脫離警方獨立，否則大眾永不會相信政府確實有心撲滅貪污。」港督麥理浩接納百里渠報告書的建議，在 1973 年 10 月立法局會議上宣佈成立一個獨立反貪污組織。

廉署誕生改善社會

1974 年 2 月，廉政公署正式成立，以教育、預防和執法三種方法並行來打擊貪污。廉署成立後第一個任務便是捉拿葛柏返港。1975 年初，廉署成功將葛柏由英國引渡回港受審。結果，葛柏被控串謀貪污和受賄，罪名成立，判處入獄四年。自此之後，政府開始切實正視貪污問題，引領香港進入廉政新時代。

有關廉政公署成立初期的報道

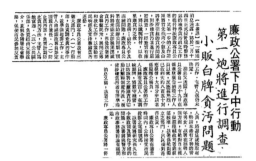

歷史知識知多點

警廉衝突

　　廉政公署成立後，致力反貪污調查。廉政公署人員多次高調地進入警署將警務人員帶走，警務人員涉嫌貪污惡行亦愈揭愈多。當時，警隊人心惶惶，深怕貪污惡行終會有一日曝光，一些警務人員申請提早退休，逃避反貪污調查，亦有警務人員在調查完結前被勒令退休或者革職，移居至與香港無引渡協議的國家等。1977 年 10 月 28 日，數千名警務人員和家屬遊行至香港警察總部舉行集會，請求警務處處長施禮榮（Brian Slevin）向香港政府表達意見要求停止調查。集會期間，數百名警務人員衝入和記大廈廉政公署執行處，進行破壞並毆打廉政公署人員。事件一發不可收拾，傳媒廣泛報道警隊衝擊廉政公署，社會極度關注。港督麥理浩召開緊急會議，最終決定在 11 月 5 日頒佈特赦令，對象是在 1977 年 1 月 1 日以前所有涉嫌貪污而未被檢控的公職人員。他向立法局強調有關特赦令只此一次，下不為例，表明不會再作任何讓步。自此之後，警廉致力合作，締造一個美好的清廉社會。

🔍 藏在身邊的史事 🔍

長江集團中心二期

　　長江集團中心二期的位置前身便是和記大廈，位於金鐘夏愨道 10 號。和記大廈樓高 23 層，曾是和記黃埔集團總部。昔日，廉政公署的總部便設於商座大廈六樓。1977 年 10 月 28 日，數百名警察衝擊廉政公署總部，五名廉政公署人員受傷，便是在此發生。1978 年，廉政公署遷至美利道停車場大廈，再在 2007 年遷往北角新建的總部至今。

北角廉政公署總部

63
十年建屋計劃

　　七十年代，香港經濟躍進，市民生活有所改善。1953 年，聖誕石硤尾大火開啟公營租住房屋歷史，但所建的房屋大多簡陋，環境欠佳。隨著生活質素提升，市民大眾對公營房屋的期望亦有所提升。同時，香港人口急升，對房屋需求增加。1972 年，政府提出十年建屋計劃。

政府提出十年建屋計劃

十年建屋計劃

十年建屋計劃目的是在
1973 至 1982 年十年期間，
為 180 萬香港居民提供公共
房屋單位。這些單位設備齊
全，環境美好。這個計劃改
變昔日公共房屋盲目重視追
求數量的方向，開始重視房
屋質素，例如屋邨配套設施
（學校、休憩設施等）和居

1972 年有關十年建屋計劃的報道

住環境。當時，市區土地供應不足，難再發展大型屋邨。當時，
大多公營房屋建於新界。政府更設立新界拓展局，配合十年建屋計
劃，新建的公屋大多在屯門、荃灣和沙田等地。工務局亦設立專
責特別部門跟進建屋計劃。據 1973 年 10 月 19 日《工商晚報》所
載，政府採分工式裝嵌建築新法，五日建成一層樓，十年建屋計劃
可望提早完成。由此可見，十年建屋計劃初期，政府頗有信心能依
時，甚至提早完成建屋目標。

政府房屋部門合併

配合十年建屋計劃，政府推行多項措施，包括合併屋宇建設
委員會和徙置事務處，成立新的房屋機構——香港房屋委員會（簡
稱為房委會），其執行機構是房屋署，所建的房屋稱為公共房屋，

不再稱為新區房屋、屋宇建設委員會房屋等名字。房屋設計方面，政府開始興建不同類型的新公屋，在屋宇設備上較昔日舊式公屋更為進步。昔日，屋宇建設委員會和徙置事務處各自建屋，各有自行設計的房屋，現在合併成為一個機構後，政府所建的租住房屋趨向統一，更能善用資源。1978 年，政府更推出居者有其屋計劃，讓市民大眾可以購買政府興建的房屋。新建成的屋邨，設有小學和中學，提供教育給區內學童，亦設有商場街市，提供市民日常生活需要。

石油危機計劃延伸

整個計劃可謂生不逢時，1973 年開始出現石油危機，香港經濟衰退，資金短缺。因此，十年建屋計劃可能面對不少困難。根據 1974 年 9 月 12 日《工商晚報》所載，政府已計劃找麥健時顧問公司專家研究重訂十年計劃，討論計劃是否需要延期等。及至 1982 年，實際建屋量和原有目標距離甚遠，政府決定將計劃順延五年至 1987 年。計劃完結時，合共建成供 150 萬人居住的房屋單位。同年，政府推出長遠房屋策略取代十年建屋計劃。

歷史知識知多點

七十年代建議出售公屋

根據 1973 年 6 月 26 日《工商晚報》所載，房屋司黎保德 (Ian Lightbody) 指出正考慮出售若干公屋單位，作為十年建屋計劃的資金。計劃容許市民以分期付款方式購買公屋，將由買主向私營機構洽辦，批約大概為 20 年，期滿再續。當時，政府計算整個十年建屋計劃，預算為 32.4 億元左右，再加上學校、診所、道路和其他基建設施等，大約需要資金約 80 億。根據 1974 年 11 月 1 日《華僑日報》所載，立法局非官守議員張有興呼籲將現有或將來的公屋單位以分期付款方式售給市民，可為建屋計劃提供資金。由此可見，無論官員或議員也有相關建議，可說是租者置其屋的前驅。

🔍 藏在身邊的史事 🔍

大埔新屋邨大元邨

　　根據 1977 年 7 月 25 日《工商晚報》所載，政府十年建屋計劃已邁進一大步，房屋委員會的建築小組委員會已通過興建五個屋邨，一個位於大埔，其餘四個位於沙田的沙角邨、荃灣石圍角邨和屯門安定邨和友愛邨。這條屋邨是大埔第一條屋邨，將在一處新填地興建，三年內建成，到時會有 5,438 個獨立式單位，建築費用是 1.5 億元。1977 年 7 月，政府拆遷大埔元洲仔，初步擬將大埔這第一個公共屋邨命名為「元洲仔新邨」，後正式命名為「大元邨」。採用了大元邨這名字，因「元」字有開始的意思，如開元，意謂大埔開始發展的意思。

1977 年有關大埔興建屋邨的報道

64
李小龍與功夫電影

　　李小龍本名李振藩，祖籍廣東順德人，1940 年 11 月 27 日出生於美國三藩市。他的父親是粵劇名伶李海泉，母親是何東爵士弟何甘棠的女兒何愛瑜。年幼時，李小龍身體十分瘦弱，父親李海泉便教他太極拳，強身健體。李小龍 13 歲時拜了武學大師葉問為師，學習詠春拳。另外，他更學習過洪拳、白鶴拳、譚腿、少林拳等拳種。他除學習中國武術外，更研究西洋拳法。

李小龍《精武門》

留美將武術發揚光大

在 18 歲那年，李小龍赴美留學。1964 年，美國加州舉行全國空手道比賽。當時，李小龍年僅 24 歲，已奪取冠軍，威震全美。經過多年苦練，李小龍的功夫可說已達至高境界。其中的「李三腳」更是著名招式，深受武術迷支持。李小龍除精通各種拳術外，更擅長長棍、短棍和雙節棍等各種武器。他從實戰出發，以中華武術為本，吸收西洋拳、空手道、跆拳道等技擊術的優點，總結多年經驗，自創一種新拳術，名為截拳道。

位於廣州的李小龍故居

名聲漸大參與拍攝

後來，李小龍開創了「振藩國術館」。除教授徒弟外，他繼續練習，不斷改進自身的武術。他更經常到處參加武術比賽，並先後在西雅圖、奧克蘭、洛杉磯等地開設武術分館授徒。1964 年 8 月，他和習武的醫學院女學生蓮達（Linda Lee Cadwell）結婚。國術館規模和設備不斷擴大。一些顯赫的武打明星如美國空手道冠軍羅禮士（Chuck Norris）也拜他為師，荷里活電影紅星如占

士高賓（James Coburn）和史提夫（Steve McQueen）也成為他的門生。世界拳王阿里（Muhammad Ali）也曾拜訪他，和他交流。1966 年，李小龍參與劇集拍攝；在《青蜂俠》一劇中，李小龍首次使用雙節棍，引起大眾關注。

武打電影大放異彩

二十世紀七十年代初，中國功夫影片狂潮席捲世界。李小龍這個響亮的名字震撼全球。1971 年，李小龍回到香港拍攝電影。他共拍了五套名作，分別是《唐山大兄》（1971 年）、《精武門》（1972 年）、《猛龍過江》（1972 年）、《龍爭虎鬥》（1973 年）和《死亡遊戲》（1973 年）。《唐山大兄》一片中，李小龍迅猛的三腳迴旋連環踢和高亢的嘯叫，極具魅力，令觀眾如癡如醉。由此片開始，香港掀起了功夫片熱潮。《唐山大兄》一片創下香港開埠以來電影票房紀錄，高達三百萬港元。《精武門》一片中，講述創辦精武門的民族英雄霍元甲徒弟陳真為師父報仇。影片突破昔日狹隘的復仇主題，提升至民族大義。

電影《死亡遊戲》終結一生

《猛龍過江》一片中，李小龍飾演功夫高手唐龍，遠赴意大利幫助一位中餐館女店主對付當地惡霸，拍攝地方更包括古羅馬競技場。《龍爭虎鬥》一片可說是李小龍全盛時期的功夫片之作，打鬥場面最多，使用的武器最出色。《死亡遊戲》一片講述一位高手為

了奪取稀世珍寶而獨闖七層寶塔，經過生死搏鬥終於到達塔頂，卻失望而回。藏寶匣裏沒有任何稀世珍寶，只有一張紙寫著一句古老偈語：「生是一個等待死亡的歷程。」該片亦是李小龍未完的遺作。1973 年 7 月 20 日，正當李小龍大展宏圖、準備完成《死亡遊戲》拍攝時，突然在香港逝世，享年 33 歲。

歷史知識知多點

李小龍喪禮

李小龍喪禮於 1973 年 7 月 25 日在九龍殯儀館舉行，以中式儀式舉行。李小龍所穿的壽衣是他在《唐山大兄》所穿的唐裝衫褲。李小龍的棺木是美國製造的西式銅棺，大約四萬多元。

1973 年有關李小龍喪禮的報道

李小龍的靈柩其後運回美國下葬。靈堂上有一張李小龍彩色遺照，並放有他生平最喜歡的食物牛腩酥、鹹煎餅和一些生果。遺照上方寫著：「典型尚在，藝海星沉，哲人其萎」等字樣。

🔍 藏在身邊的史事 🔍

李小龍銅像

　　李小龍銅像位於九龍尖沙咀星光大道。銅像高 2 米、重 600 公斤，在 2005 年 11 月 27 日李小龍 65 歲冥誕時揭幕。銅像造型取自電影《龍爭虎鬥》中李小龍的武打英姿。2005 年，為紀念李小龍，計劃設計一座銅像。銅像由廣州雕塑家曹崇恩負責雕刻，馬富強、阮大勇擔任美術顧問。2005 年 11 月 27 日，李小龍銅像於尖沙咀星光大道正式揭幕，由李小龍姊姊李秋源、弟弟李振輝和香港電影金像獎協會主席文雋主持揭幕。

李小龍銅像

65
居者有其屋與
租者置其屋

1976 年，房屋委員會公佈居者有其屋計劃。之前，政府提供的公營房屋性質只有租住，沒有購買。居者有其屋計劃（簡稱「居屋」）目的是協助中下入息階層的人士購買樓宇作為自住。七十年代，香港經濟起飛，一些市民大眾希望有較佳的居住環境，而私人樓宇價格已十分高昂。當時居屋售賣的對象有兩類人士。第一類是全家總入息不超過 3,500 元正

香港公共房屋

（白表申請者）；第二類是公屋
住戶購居屋後要歸還所住的公
屋單位（綠表申請者）。

第一期居者有其屋

1978 年 1 月，居者有其
屋中心位於何文田愛民邨商
場。第一位參觀嘉賓是港督麥

1974 年有關政府打算出售公營房屋的報道

理浩。申請截止日期前，共有 19 萬市民前往參觀，可見居屋受歡
迎程度很高。居者有其屋計劃制訂樓價原則是以不牟利為本，第
一期居屋共提供 8,373 個單位，售價由 81,000 至 166,000 元，單位
面積由 37 至 60 平方米。第一期居屋單位包括何文田俊民苑、葵

第一期居屋屋苑俊民苑

第一期居屋屋苑順緻苑

涌悅麗苑、順利邨順緻苑、沙田穗禾苑、香港仔漁暉苑和柴灣山翠苑等。根據《1979 年香港年報》指出：「建成的居住單位可與私營房屋媲美，除鋪有柚木地板和裝設閉路電視外，並在大門外裝設分層電話等。」當時按揭的方式是先付最低一成樓價作首期，餘款最長可在 15 年內供完，周息在 7 厘半至 9 厘之間。出售條件包括首 5 年內不可轉售給他人。由這刻開始，政府的房屋政策作出重大改變，不再只出租房屋，更出售房屋，滿足市民所需。

第一期租者置其屋

另一個政府出售房屋政策便是租者置其屋計劃。這個計劃在 1998 年推出。當時出售第一批的屋邨包括香港仔華貴邨、鑽石山鳳德邨、馬鞍山恆安邨、青衣長安邨、大埔運頭塘邨及屯門建生邨。該批屋邨全部在 1987 至 1992 年期間落成。獲納入租者置其屋計劃首期的公屋住戶，第一年可用特別優惠價格購入本來居住的單位。這些單位的優惠售價平均介乎 62,500 至 340,300 元。當時，香港剛回歸祖國，市民大眾希望安居樂業，故計劃深受公屋住戶支持。

原有租置計劃不受歡迎

其實，九十年代初政府曾推出過出售公屋計劃。根據《香港房屋委員會工作報告（1992 / 1993）》指出：「出售公屋予住戶計劃於 1991 年 8 月推行，由於住戶反應冷淡，故房委會會再審議該計

劃,並作出一些修訂。」1991 年,香港正處於回歸過渡期,前景不太明確。一些住戶不太願意付出金錢來購買本身居住的公屋。1998 年後,香港已回歸祖國,政局安穩,市民大眾也安心。房委會適時修正租置計劃的售賣條件,增加其吸引力,如供樓開支不會多於租金兩倍,轉售限期較短和居民仍可繼續購買居屋的權利等。因此,第一期租者置其屋計劃有 76% 租戶參與,成績美滿。

歷史知識知多點
政府六十年代貸款給市民置業

六十年代,香港工業發展急速,房地產也開始興旺。1964 年 6 月 21 日,政府公佈《中等入息階級人士購置自居樓宇計劃:高登委員會工作報告書》。這報告書改變了昔日政府只提供公營房屋的理念,改為主動協助市民置業。當時,市民大眾置業,付款期大多不超過五年,十分吃力。報告書建議本港設立一間公司,名為屋宇及貸款有限公司(後來正式推動時更名為香港建屋貸款有限公司),協助中等入息人士置業。最初建議最高貸款額是樓價 75%,不可超過申請人月薪的 24 倍,且不能超過 4 萬元。還款期最長為 12 年,息率為 9 厘。借款人要購買保險,而受益人是香港建屋貸款有限公司。這間公司由香港政府、聯邦發展公司、四間銀行(滙豐銀行、恒生銀行、渣打銀行、東亞銀行)等合組而成。1964 年 12 月,香港建屋貸款有限

公司在報章刊登樓宇廣告，希望與各地產商合作，選擇合適樓宇供貸款之用，被選中的樓宇便是批准樓宇。當時批准樓宇包括海宮大廈（銅鑼灣告士打道）、僑宏大廈（何文田窩打老道）、月明樓（觀塘月華街）、東南大廈（銅鑼灣軒尼詩道）、雲華大廈（北角英皇道）等。

🔍 藏在身邊的史事 🔍

領展的前身領匯

2002 年 11 月 13 日，房屋及規劃地政局局長孫明揚指出，鑑於過去數年本港經濟和物業市場的重大變化，政府認為市民置業與否應以個人意願和負擔能力為依歸。有鑑於此，政府不應再如以往般直接提供房屋，以免和私人住宅市場競爭。在此刻開始，政府決定停售居屋。停售居屋令房委會收入大減。房委會預測其現金結餘將由 2003 年 4 月的 280 億元，下跌至 2006 年 3 月的 55 億元赤字。因此，房委會決定分拆出售轄下零售及停車場設施。這些設施的管理權及業權將會轉讓給一間新成立的公司，並在聯交所進行首次公開發售。在這背景下，領匯誕生。2015 年，領匯改名為領展，改名是與進軍中國市場有關，因為該公司發現在內地已有二十多家公用「領匯」名字註冊，對方讓出名稱叫價高達 1,500 萬元，因此最終決定以改名解決。

66
改革開放與香港

1978 年，中國實施改革開放，發展躍進，作為國家南方重要一員的香港，在國家改革進程中扮演不可或缺的角色。回顧過去，改革開放後，一些香港商人北上投資，與內地同胞相互促進下，推進國家現代化建設。七十年代，香港經濟起飛，被稱為亞洲四小龍之一，可惜面對人手成本及市場限制，國家改革開放

改革開放不久，1980 年已有香港企業與內地民企合辦公司。

正好為香港帶來機遇，港商北上除引入資金至內地，更有提供技術、管理和國際視野；而內地提供人力及地方，互補互助，推動雙方向前發展。

改革開放推動商貿

　　企業發展方面，改革開放初期，港商投資引入先進技術、設備，有助更新一些傳統企業，促進產品質和量的改進。內地企業亦參考香港管理經驗，用人制度、資源制度和管理制度，有助提升其生產效率和管理水平。香港製造業北移後，香港與珠三角地區形成「前店後廠」分工模式。香港公司承接海外訂單、供應原材料、設計研發、控制品質和銷售推廣，而內地工廠負責加工和生產運作。前店後廠合作關係帶動內地製造業發展，催生內地金融、保險、運輸、商業等服務。香港亦由製造業向服務型經濟轉型。

舊日香港的工業產品，相關業務隨經濟轉型而式微。

改革開放經貿合作

　　經貿合作方面，2002 年 1 月，中央政府和香港特區政府展開《內地與香港關於建立更緊密經貿關係的安排》（簡稱 CEPA）磋商工作。2003 年 6 月，中央人民政府與香港特區政府簽署 CEPA

主體文件，同年 9 月簽署六份附件，於 2004 年 1 月 1 日起正式生效。CEPA 是香港與內地簽訂的首份雙邊自由貿易協議，亦是內地簽署的第一個全面自由貿易協定，為內地和其他國家洽商同類市場開放協議提供參考。CEPA 以「循序漸進」和「先易後難」方式，分階段逐步擴大內容和範疇。CEPA 為兩地持續增長投資活動，訂立促進和保護措施，推展經濟技術交流合作。

內地企業來港上市

股票投資方面，中國實行改革開放，發展中國特色社會主義市場經濟。八十年代初，民營企業發展起來，開始發行股票集資。1992 年 10 月 6 日，內地批准九間國有企業在香港發行股票上市，包括青島啤酒、上海石化、廣州廣船、北人印刷、馬鞍山鋼鐵、昆明機床、儀徵化纖、天津渤海化工（集團）、東方電機。1993 年，六間內地國有企業完成首次公開招股，包括青島啤酒、上海石化、廣州廣船、北人印刷、馬鞍山鋼鐵、昆明機床。隨後，更多內地公司在香港上市，一直至今，發展愈來愈盛。

內地旅客來港急升

旅遊發展方面，改革開放前，香港和內地旅客往來疏落。1977 年，入境香港的內地旅客人數有 3,559 人次，佔香港整體訪港旅客的 0.2%。改革開放後，香港毗鄰廣東省，作為國家南部主要出入境口岸，外地遊客、港澳居民去廣東省或中國其他地方旅遊、探

親、交流和商業活動交往等漸趨活躍。及至今日，香港旅遊業最重要的市場便是內地遊客，無論是酒店、零售、餐飲、旅遊景點也以內地遊客為主要銷售對象。2003 年開始，國家更推出港澳自由行計劃，有利內地同胞出行訪港，有助旅遊業發展。

科研合作推動發展

　　科技交流方面，改革開放初期，香港與內地科技合作由大學和科研機構交流互訪開始。1997 年，中國科學院和香港各大學先後成立 15 個聯合實驗室，例如，由 1996 年 4 月至 1997 年 1 月，中科院和香港科技大學、香港大學共同建立一批聯合實驗室和聯合研究中心。自此之後，雙方建立了長期、穩定的科技合作基礎，其中包括和香港科技大學共建的生命科學與生物技術聯合實驗室、微電子聯合實驗室，和香港大學共建的中國語文認知科學聯合研究中心、轉基因動物研究聯合中心及新材料合作和檢測技術聯合實驗室。隨著兩地學術機構科研領域合作愈來愈多，香港院校參與國家科研項目也趨多。香港院校透過合辦研討會和院士訪校計劃，提供平台給香港及內地學者進行學術交流，有利推動科技發展。

　　改革開放後，製造業北移為國家和香港發展帶來獨特的機遇，香港作為國際大都會，有國際視野、優秀人才、健全法制等，可以於國家和世界之間扮演超級聯絡人的角色。展望未來，兩地合作更多，將有更美的發展。

歷史知識知多點

「一簽多行」與「一週多行」

　　2009 年起，深圳戶籍居民可向政府申請「一年多次個人遊簽注」（簡稱為「一簽多行」）到香港旅遊。這類簽證為多次簽證。簽注費用是 100 元，簽注後可享受一年內無限次訪港，每次訪港逗留時間為 7 天。2015 年 4 月 13 日，公安機關停止向深圳市戶籍居民簽發赴香港「一簽多行」簽注，改為簽發「一週一行」簽注。「一週一行」指是深圳市戶籍居民在一年內可 52 次赴香港自由行，費用是 100 元；2017 年 7 月 1 日起，「一週一行」簽注費降至 80 元。

🔍 藏在身邊的史事 🔍

回鄉證

　　1949 年前，往返香港和內地並無限制。1951 年 1 月，廣東省人民政府頒佈《關於沿海旅客進出入國境的佈告》，規定從 1951 年 2 月 15 日起，所有旅客出入境前均須向所在地或目的地的公安機關申請出境或入境。1956 年起，港澳居民出入內地前申請的通行證，改為憑港澳當局簽發身份證件，在入境時向羅湖口岸邊防檢查站，申領一次有效的《港澳同胞回鄉介紹書》。1979 年以前，港澳居民前往內地要填寫《回鄉介紹書》，列明返鄉目的、目的地和逗留時間等。1979 年 7 月 10 日廣東省公安廳宣佈由 1979 年 8 月起，將一次有效的《港澳同胞回鄉介紹書》改為三年內多次使用有效的《港澳同胞回鄉證》，方便港澳居民前往內地，證件大小和一本護照相若。1980 年 12 月起，《港澳同胞回鄉證》有效期由三年延長至十年。1999 年 1 月，政府推出現時的港澳居民來往內地通行證，大小和信用卡相若。至 2008 年 12 月 31 日，舊的《港澳同胞回鄉證》正式被取代，因最後一天簽發的最長有效期（十年期）回鄉證在當天期滿。

現時的《港澳居民來往內地通行證》

67
地下鐵路誕生
及發展

《香港集體運輸研究》建議建地鐵

1967 年，《香港乘客運輸研究》發表，預計香港人口在 1986
年會達到 6,867,900 人，並建議香港興建集體運輸系統解決交通問
題。政府委託費爾文霍士及施偉拔顧問工程公司進一步研究，並
於同年 9 月發表《香港集體運輸研究》，指出發展路面集體運輸
因涉及徵地和樓宇拆卸，工程浩大，建議耗資 150 億港元興建一
個總長度達 51 公里的地底集體運輸系統，當中包括觀塘線、荃灣
線、港島線、沙田線等四條路線，涵蓋港島北岸、九龍半島及新
界南等地區。

建議鐵路規模縮減

1960 年代完成的中期人口統計公佈，預計 1986 年香港人口僅 5,647,000 人，遠較預計的人口少近 120 萬人。顧問公司因此建議縮減系統規模，如對興建沙田線作保留，而原來彌敦道走廊的兩線四軌並行模式，亦建議只興建兩條路軌。1970 年，費爾文霍士及施偉拔顧問工程公司發表《集體運輸計劃總報告書》，就建造鐵路系統作詳細建議，如興建全長 52.7 公里的地下鐵路系統，分成三條主線：港島線、港九線及東九龍線，港九線再細分為觀塘支線及荃灣支線。整個系統以分期形式建造。

日本財團退出

1972 年，政府成立集體運輸臨時管理局，原則上同意先行興建長達 20 公里的「早期系統」。1974 年，日本財團簽署了承投意向書，造價不多於 50 億港元。可惜，石油危機爆發，全球經濟陷入危機。最終，日本財團在同年年底退出承投，整個地下鐵路工程呈現膠著狀態。1975 年，集體運輸臨時管理局決定將「早期系統」縮短至 15.6 公里，暫只興建觀塘站至遮打站的路線，並命名為「修正早期系統」。

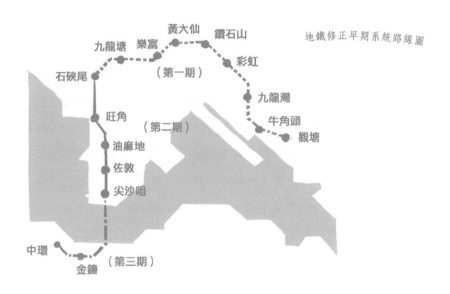

地鐵修正早期系統路線圖

修正早期系統地鐵上馬

　　1975 年 9 月 26 日，政府撥出 11.5 億港元興建修正早期系統，並根據《地下鐵路公司條例》成立地下鐵路公司，取代集體運輸臨時管理局。1975 年 10 月，修正早期系統工程動工。經過接近四年工程，修正早期系統北段於 1979 年 10 月 1 日投入服務，通車當日乘客量高達 28.5 萬人次，稍後乘客漸趨穩定至每日 8.5 萬載客人次。同年 12 月至尖沙咀；1980 年 2 月至中環。興建修正早期系統總費用是 58 億港元，其中建築及裝備地下鐵路工程合約費用約佔 50 億港元，其餘為行政、土地和顧問費等。

1979 年有關地鐵通車的報道

二十世紀末的地鐵發展

　　荃灣支線由石硤尾至荃灣，全長約 10.5 公里。1982 年 5 月 10 日，荃灣至荔景通車。5 月 17 日，荔景至太子通車。後來，荃灣線取代觀塘線直達中環，觀塘線以油麻地為終站，太子及旺角站成為兩線交匯站。1985 年 5 月 31 日，金鐘站至柴灣站通車，上環站於 1986 年 5 月 23 日啟用。金鐘站和中環站擴建成為港島線和荃灣線交匯站。隨著東區海底隧道通車，地鐵東隧在 1989 年 8 月 6 日啟用，觀塘線延長至鰂魚涌站，藍田站於同年 10 月 1 日啟用，鰂魚涌站擴建成為港島線的轉車站。

歷史知識知多點

早期系統的站名

　　早期系統的站名即是最初建議的名稱，待地鐵建成後，部分站名作出變更。觀塘線中，油塘站最初建議是馬游塘站、藍田站最初建議是觀塘邨站、樂富站最初建議是老虎岩站、油麻地站最初建議是窩打老站。荃灣線中，葵興站最初建議是葵涌站、葵芳站最初建議是垃圾灣站、荔景站最初建議是貨港站、美孚站最初建議是荔枝角站、荔枝角站最初建議是長沙灣站、長沙灣站最初建議是蘇屋站。港島線中，堅尼地城站最初建議是堅尼地站、中環站最初建議是遮打站、金鐘站最初建議是海軍船塢站、銅鑼灣站最初建議是跑馬地站、杏花邨站最初建議是柴灣碼頭站。

地鐵新購置的列車外貌

藏在身邊的史事

港島線的毛筆字月台

　　港島線地底月台有大型毛筆字書寫站名，與觀塘線和荃灣線不同，內裝不是紙皮石而是焗漆板。港島線地底車站月台的大型毛筆字是由地下鐵路建築師區傑棠先生所寫。港島線因為地理原因，地底車站以鑽挖方法來建造。相比觀塘線和荃灣線，月台比較狹窄，而且呈拱形支撐設計。設計師希望在月台裝上的焗漆板上印大型毛筆字，有助舒緩候車乘客對於月台環境的壓迫感。港島線和觀塘線、荃灣線一樣，配以不同色系，顯現獨特風格。

68
中英聯合聲明

麥理浩上京見鄧小平

　　1898 年，清朝和英國《展拓香港界址專條》，租借新界 99 年。至上世紀七十年代末，距離期滿不足 20 年。1979 年 3 月 24 日，港督麥理浩訪問北京。當時，他主要根據英國外交部安排向中國政府提出延長新界土地租期，並揣摩中國政府對香港前途問題的取向。3 月 29 日，鄧小平在人民大會堂接見麥理浩，直接指出中央政府對香港問題的態度，不要幻想中方會改變對香港問題的一貫立場，並提醒英方要高度重視中央政府在台灣、澳門和香港問題「制度不變」的新思維。他明確指出：「香港是中國的一部分，這個問題本身不能討論。」回港後，麥理浩只轉述鄧小平的說話，叫投資者放心。1979 年 5 月 7 日，中國外交部長助理宋之光接見外國記

者時指出港澳問題還有 18 年時間，不用著急。一些評論指此這是承認新界租約和九七大限。

戴卓爾夫人和鄧小平談判

1982 年 9 月 22 日，英國首相戴卓爾夫人（Margaret Thatcher）訪問中國，拉開中英關於香港問題談判序幕。9 月 24 日，鄧小平和她進行閉門會議。雙方針鋒相對。會談中，鄧小平明確表示談判的大前提是中國在 1997 年收回香港。他並提出了「一國兩制」的重要構想，令日後談判進展更為順利。一個多小時的會談結束後，戴卓爾夫人神色凝重步出人民大會堂，不慎在台階踏空跌倒。當時，一些記者拍攝了這個情景，稱為「英國的倒下」。之後，鄧小平確立四點構思：一是中國決心按照「一國兩制」設想於 1997 年收回整個香港地區，主權問題不容談判；二是希望中英合作實現平穩過渡；三是萬一談不成，中方將單獨採取行動；四是如出現波動，將採取非和平方式提前收回香港。

戴卓爾夫人訪華

多輪談判決定香港前途

　　整個中英談判分兩個階段。第一個階段是由 1982 年 9 月戴卓爾夫人訪華至 1983 年 6 月，第一至七輪談判的中方代表團團長是外交部副部長姚廣，英方代表團團長是英駐華大使柯利達（Percy Cradock）；雙方就香港主權問題進行商談。第二個階段是由 1983 年 7 月到 1984 年 9 月，從第八輪談判開始，雙方更換代表團團長，中方以外交部長助理周南代替姚廣，英方則以新任駐華大使伊文思（Richard Evans）取代柯利達，時任港督尤德（Edward Youde）作為英代表團成員全程參與。1984 年 9 月 18 日，香港前途問題談判結束，中英雙方在 9 月 26 日於北京草簽《聯合聲明》，敲定 1984 年 12 月 19 日在北京正式簽署《中英聯合聲明》，確定中國政府在 1997 年 7 月 1 日對香港恢復行使主權。

《中英聯合聲明》簽訂

　　1984 年 12 月 19 日 17 時 30 分，這是香港歷史上最重要的時刻：中英雙方在北京人民大會堂西大廳簽署《中英聯合聲明》。當時，中國總理和

1984 年有關中英草簽《聯合聲明》的報道

英國首相鄭重地在聲明上簽字蓋章。「一國兩制」創建者鄧小平出席見證這個具有重大歷史意義的簽字儀式。十多年後，香港成為特別行政區，展開美好的新一頁。

歷史知識知多點

鄧小平與香港回歸

　　當時擔任外交部長助理的周南回顧香港問題解決的過程，強調香港回歸祖國首先要歸功於鄧小平。這是他根據解放思想、實事求是的思想路線，創造性地提出了「一國兩制」的偉大構想。周南說鄧小平的「一國兩制」構想，體現了原則性和靈活性的高度統一。按照這一個構想來解決香港問題本來已經充分照顧了英國的利益，但英國對被其搶佔和統治了一百多年的這塊寶地難捨難分。周南回憶指出 22 次談判會議中，英方多次企圖修改協議文件中內容，如把香港的高度自治改為完全自治或最大限度的自治，要求英國人員可以在未來特區政府中擔任文職中最高職位等等。他說這些招數全被鄧小平識破，加以批駁。鄧小平明確指出在主權問題上一分一毫也不能讓，更不要說是一寸。

藏在身邊的史事

香港回歸祖國紀念碑

香港回歸祖國紀念碑

香港回歸紀念碑位於灣仔香港會展中心前面。1996 年 5 月 25 日，全國人民代表大會香港特別行政區籌備委員會已決定興建紀念碑，以永久紀念香港回歸祖國，由香港特別行政區政府負責籌建。1998 年 7 月，香港政府成立香港回歸祖國紀念碑工作小組，由梁振英擔任主席，同年 9 至 11 月公開徵求設計建議，收到 250 份設計建議。最終，紀念碑於 1999 年 7 月 1 日由時任國家副主席胡錦濤和香港特別行政區行政長官董建華揭幕，慶祝香港回歸祖國兩週年。紀念碑高 20 米，寬 1.6 米，基座和柱身是由花崗岩建造，最頂端是由銅鑄成。紀念碑的柱身由 206 個石環組成，代表了 1842 至 2047 年的年份，當中有六個淺色的石環是香港歷史上最重要的年份，包括了簽訂《南京條約》、《北京條約》、《中英聯合聲明》、正式頒佈香港《基本法》的這幾個年份。

69
十項核心工程

　　1980 年代，隨著香港發展日盛，啟德機場使用量接近飽和，基於地理限制，已難再進行大規模擴建。早在 1948 年，香港《初步規劃報告》發表，內文談及啟德機場被公認為一個殊不理想的地點，但當時仍未有其他機場選址。1973 年，民航處聘請顧問公司就香港運輸系統進行一份研究報告，擬定可修建機場的選址，最終選出六個較可行的地方，分別是屯門稔灣、元朗新田、西貢赤門海峽、長洲、南丫島、大嶼山赤鱲角。1978 年，政府最終選定赤鱲角，並委聘顧問公司進行相關的陸路交通網絡研究。

赤鱲角機場

為未來決定開展

啟德機場容量飽和，同時因接近民居無法 24 小時運作、飛航安全和擴建限制等問題，政府決定在 1987 年重新研究興建新機場的計劃。1989 年，政府宣佈推行香港機場核心計劃。這是一個規模龐大的基礎建設發展計

1989 年有關港府推出十大核心工程的報道

劃。這個計劃以大嶼山赤鱲角新香港國際機場為核心，包括十項核心工程。整個基建計劃的目標不只是強化香港的航空中心地位，更希望進一步推動香港向前發展。當時，整個香港機場核心計劃又被稱為「玫瑰園計劃」，期望將來建成後如玫瑰般美好。

中英談判化解紛爭

整個計劃的費用高達約 2,000 億港元。社會大眾覺得費用高昂，擔心政府難以負擔，出現財赤。當時，中國政府亦擔憂新機場造價過高，或會影響未來香港特區政府的財政儲備。自此之後，中英雙方進行多次討論，修改有關計劃成本。1991 年 9 月 3 日，英國首相馬卓安（John Major）和中國總理李鵬在北京簽署《關於香港新機場建設及有關問題的諒解備忘錄》，主要內容包括香港政府管理期間負責建設並在最大程度上完成機場核心計劃，留給未來

香港特區政府儲備不少於 250 億港元。兩國成立一個由中英聯合聯絡小組帶領的機場委員會，香港政府則成立香港機場管理局和諮詢委員會。達成共識諒解後，工程開始動工。原計劃在 1997 年香港回歸時落成啟用。最後，工程延遲了一年才完工。整個工程歷年八年，建築成本為約 1,553 億港元。這是香港歷史上規模及耗資最大的建設工程。

十項核心工程內容

新機場計劃除機場外，更有其他相關基建工程，合共十項，因此稱為十項核心工程，其中包括（一）香港國際機場：比原有的啟德機場大四倍，不像舊機場受晚間升降限制，可以 24 小時運作；（二）機場鐵路：這是世界上首條為服務機場而興建的鐵路，連接港島中區、九龍、北大嶼山新市鎮等多個地方；（三）青嶼幹線：由青馬大橋、馬灣和汲水門大橋等組成，分為上下兩層行車，是本港首條連接大嶼山和其他地方的陸路交通；（四）西九龍快速公路：連接青葵公路、屯門公路、大欖隧道、汀九橋和西區海底隧道等多個地方，改善道路網絡；（五）西九龍填海計劃：這是該區最大填海項目，除連接新機場道路和鐵路，亦作為發展商業、住戶和文化用途；（六）西區海底隧道：連接西九龍填海區和西營盤，改善港島西及九龍西的過海交通；（七）東涌新市鎮：容納三十多萬人居住，成為旅客到港的第一個大門；（八）北大嶼山快速公路：連接青嶼幹線、香港國際機場和東涌新市鎮；（九）三號幹線（部分）：香港其中一條主要幹線，連接香港島西營盤至新

界西元朗的交通；（十）中區
填海計劃：興建機場鐵路香港
站和擴展中環商業區，國際金
融中心、中環碼頭等也建於中
區填海的土地之上。

機場鐵路青衣段

新時代誕生

隨著工程完成後，香港進入一個新時代，無論在對外交通
和對外基建，也比以往有改進。香港市民大眾的生活素質不斷提
升，擁有更快捷的交通網絡和更多基建設施，過著更優質的生活。

歷史知識知多點

中英達成共識的反應

1991 年 7 月 4 日，《關於香港新機場建設及有關問題的諒
解備忘錄》公佈後，香港各界一片歡欣。不少報章發行了號
外，電台和電視台下午中斷了半小時的節目，插播有關備忘錄
的內容及介紹新機場的背景等。港督衛奕信（David Wilson）
在下午召開記者會，稱這份備忘錄已經草簽，令政府更有信心
開展這個計劃，新機場工程對未來的香港發展極其重要。備忘
錄公佈後，一些立法局議員、財經界人士和學者接受記者訪

問，指出這是中英雙方互相諒解達成的一項好建議。在好消息刺激下，香港股市躍升，成交高達 26 億港元，比昨天多了 10 億元，恒生指數也上升了 54 點，以 850 點收市。

🔍 藏在身邊的史事 🔍

機場核心計劃展覽中心

機場核心計劃展覽中心是紀念機場核心計劃而設，讓參觀者了解興建香港國際機場的過程。另外，選址亦考慮到在此處可以飽覽同為核心計劃工程的青馬大橋全景。這處景色優美。機場核心計劃展覽

青馬大橋

中心是一座歐陸式米白色單幢式建築物，原名為「白樓」。這是由律敦治（J. H. Ruttonjee）在二十世紀三十年代初所建，最初是一間別墅，現被評為三級歷史建築。展覽中心有五個展覽區，分別以模型、圖片，附以文字介紹香港機場核心計劃的十項核心工程，包括：赤鱲角香港新機場、青嶼幹線、機場鐵路、西區海底隧道、北大嶼山快速公路、三號幹線、西九龍快速公路、西九龍填海計劃、中環及灣仔填海工程和東涌發展計劃等。展覽中心設有觀景台，內有望遠鏡。參觀者可利用望遠鏡遠眺觀賞青馬大橋、汀九橋及汲水門大橋，景色優美。

70

香港回歸

1997 年 6 月 30 日午夜至 7 月 1 日凌晨，香港會議展覽中心燈火通明，舉行全世界矚目的中英兩國香港回歸儀式。當晚 23 時 56 分，中英兩國護旗手入場，象徵兩國政府就香港政權交接降旗、升旗儀式開始。出席嘉賓全體起立，目光集中於豎立在禮台前的旗杆上。23 時 59 分，英國國旗和香港旗在英國國歌聲中緩緩降落，代表英國殖民統治宣告結束。1997 年 7 月 1 日 0 時正，香港市民感到激動的時刻到

會展外景

了。雄壯的中國國歌奏起，中華人民共和國國旗和香港特別行政區區旗一起徐徐升起。經歷百年滄桑香港回到祖國懷抱。

國家主席宣言

　　0 時 4 分，國家主席江澤民莊嚴宣言：根據中英關於香港問題的聯合聲明，兩國政府如期舉行了香港交接儀式，宣告中國對香港恢復行使主權。中華人民共和國香港特別行政區正式成立。經歷了百年滄桑的香港回歸祖國，標誌著香港同胞從此成為祖國這塊土地上的真正主人，香港的發展從此進入一個嶄新的時代。江澤民主席指出歷史將會記住提出「一國兩制」創造性構想的鄧小平先生．我們正是按照「一國兩制」偉大構想指明的方向，通過外交談判成功地解決了香港問題，終於實現了香港回歸祖國。江澤民隨後指出香港今日的繁榮歸根到底是香港同胞創造的，也是同祖國內地的發展和支持分不開的。他表示相信有全國人民作堅強後盾，香港特別行政區政府和香港同胞一定能夠管理和建設好香港，保持香港長期繁榮穩定，創造香港美好的未來。

特區成立

　　凌晨 0 時 12 分，香港政權交接儀式結束，隨後舉行特別行政區成立議式。早上 1 時 30 分，中華人民共和國香港特別行政區成立暨特區政府宣誓就職儀式在香港會議展覽中心舉行。國務院副總理、全國人民代表大會香港特別行政區籌備委員會主任委員錢其

琛主持儀式，香港特別行政區首任行政長官董建華第一個宣誓就職，國務院總理李鵬監誓。之後，香港特別行政區第一屆政府 23 名主要官員，香港特別行政區第一屆行政會議 14 名成員，香港特別行政區臨時立法會 59 名議員，香港特別行政區終審法院常設法官、高等法院法官 36 人，分批上台宣誓就職。

總理講話

隨後，李鵬總理發表講話，代表中央人民政府對香港特別行政區政府成立表示熱烈祝賀，並且宣佈：從今天起，《中華人民共和國香港特別行政區基本法》開始實施。香港特別行政區第一任行政長官董建華也發表了講話，他提出將以忠誠的心志，堅決執行法律賦予香港高度自治的神聖責任，帶領 650 萬富於創業精神的香港市民，堅定地按照「一個國家、兩種制度」的路向前進，並堅信香港回歸祖國，實行「一國兩制」，前途必定更加輝煌。

回歸意義

香港回歸國家意義重大。對內，香港回歸有助推進祖國和平統大業，促進國家的社會主義現代化建設；其次更有利促進香港繁榮穩定和發展。香港

中央政府送贈的金紫荊像，象徵香港回歸。

回歸二十多年，在「一國兩制」、港人治港、高度自治的方針下，香港發展日益繁榮。對外，香港的順利回歸和成功實踐為許多世界國家和地區解決類似問題提供了實例，對世界政治發展有重大意義。

歷史知識知多點

等待的 12 秒

　　回歸是重要的日子，負責升旗是朱濤。他除了要熟記走上主席台要多少步、要做甚麼動作，更必須升旗時做到「國歌一響便升國旗，國歌一停國旗至頂」。他仔細計算旗杆高度是 8.28 米，國歌音樂 45 秒，他要拉旗繩 8 次，國旗每秒升高 12.3 公分。他日日夜夜地練習，作最好準備。中英兩國就交接儀式經過多次會議討論。奏國歌和升國旗的時間一秒不能遲也不能早，必須在 1997 年 7 月 1 日 0 時 0 分 0 秒開始。到了正式交接儀式，英國軍樂演奏國歌卻快了。最終，英國國歌早了 12 秒結束，現場進入時間空白，大家也在等待。大家也知道國家只能夠在 7 月 1 日 0 時 0 分 0 秒才開始奏國歌、升國旗。如國歌早於 0 時響起，或會出現外交爭議。這 12 秒無比漫長，終於等到 0 時 0 分 0 秒。中國軍樂團奏響中國國歌，朱濤冷靜下來，拉動旗繩，46 秒後國歌一停，國旗便到頂。五星紅旗在香港大地上飄揚，自此這刻香港回家，洗雪百年國恥。

藏在身邊的史事

香港回歸紀念塔

　　香港回歸紀念塔是為紀念香港回歸而建成的，位於新界大埔海濱公園內。這個紀念塔在 1997 年與海濱公園同時開放，紀念香港回歸。塔所建的位置便是昔日英軍接管新界登陸的地方。整個紀念塔高 32.4 米，如登頂可以遠眺吐露港美景。塔下有碑文說明其興建意義，內容重點是新界鄉民在面對英國侵佔時保衛鄉土、壯烈犧牲；及至香港被日軍強佔淪陷時，鄉民奮勇抗戰；其後香港重光，新界發展，鄉民積極參與貢獻重大。

位於大埔的香港回歸紀念塔

附錄：香港歷史大事與相關古蹟表

古代篇

約 4,000 年前		
	史事	已有人類居於香港沿海地區，使用石器，以漁獵為生。
	留存古蹟或古物	古人類骸骨：馬灣島上東灣仔北出土。
	地址或交通	馬灣島珀欣路 33 號馬灣公園內馬灣古蹟館
	備註	展出馬灣埋葬的古人類半身復原模型

約 3,500 年前		
	史事	香港進入青銅時代，出土大量青銅器和工具，與中原已有密切往來。
	留存古蹟或古物	出土器物：展出於香港歷史博物館。
	地址或交通	尖沙咀漆咸道南 100 號香港歷史博物館
	備註	現正進行更新工程

約 3,000 年前		
	史事	古越族人在沿海刻鑿摩崖石刻，進行祭祀。
	留存古蹟或古物	長洲石刻：香港發現九處摩崖石刻之一。
	地址或交通	位於長洲華威酒店之下的海邊小路
	備註	是各處石刻中較易到達的

秦漢時期		
	史事	秦代，香港歸入中國版圖；漢代派駐官員到港。
	留存古蹟或古物	李鄭屋古墓：中央駐港鹽官的墓穴。
	地址或交通	深水埗東京街 41 號李鄭屋漢墓博物館
	備註	設有展覽介紹漢墓的情況

魏晉 南北朝 東晉	史事	東晉發生孫恩盧循之亂，其餘部流亡大嶼山。
	留存古蹟或古物	沒有古蹟留存，只有盧亭（人魚）的傳說。
	地址或交通	可參觀大嶼山大澳等地的漁村
	備註	傳說大嶼山水上人是盧亭後裔

魏晉 南北朝 南朝 （劉宋）	史事	來自印度的高僧杯渡禪師途經和居於青山
	留存古蹟或古物	青山禪院：香港三大古剎之一。
	地址或交通	輕鐵青山村站附近，有登山小路。
	備註	廟後有杯渡岩和杯渡禪像

唐朝	史事	屯門是當時廣州對外通商的海上門戶，是海上絲綢之路的必經之地。
	留存古蹟或古物	「高山第一」石刻：傳為韓愈到訪屯門青山時留下。
	地址或交通	青山禪院後，杯渡岩旁邊可找到石刻。
	備註	原石刻在青山山頂，寺後的是近人仿製。

北宋 初年	史事	原居江西的鄧族先祖鄧漢黻遷居錦田
	留存古蹟或古物	錦田古蹟群：二帝書院、廣瑜鄧公祠等。
	地址或交通	港鐵錦上路站步行 20 分鐘可達
	備註	可於元朗坐 601 號小巴

南宋初年		
	史事	五大族之一的鄧氏移居香港錦田，後分遷到粉嶺龍躍頭等地。
	留存古蹟或古物	松嶺鄧公祠：由戰亂中娶得宋室公主的鄧自明後人所建。
	地址或交通	粉嶺龍躍頭的老圍和祠堂村之間，屬龍躍頭文物徑景點之一。
	備註	祠堂仍供奉著公主（皇姑）的神主牌

南宋末年		
	史事	南宋末年，蒙古人入侵，宋帝逃難到九龍灣。
	留存古蹟或古物	宋王臺石刻：原位於九龍城小山崗上。
	地址或交通	港鐵宋皇臺站出口附近的宋王臺公園
	備註	公園內有石刻說明其歷史由來

南宋末年		
	史事	國舅楊亮節護送宋帝南下，因病死於九龍。
	留存古蹟或古物	九龍城侯王古廟：傳說供奉楊亮節。
	地址或交通	九龍城白鶴山聯合道 130 號九龍城侯王古廟
	備註	無

明朝初年		
	史事	宋亡三傑之一的文天祥族人移居新界
	留存古蹟或古物	麟峰文公祠、大夫第等
	地址或交通	元朗區新田內的蕃田村和永平村
	備註	可順道參觀文天祥公園

明朝中葉	史事	葡萄牙人強佔屯門等地，被明朝水師打敗。
	留存古蹟或古物	沒有古蹟留存
	地址或交通	無
	備註	無

清朝初年	史事	荷蘭人佔據大澳，村民稱此地為「番鬼塘」。
	留存古蹟或古物	沒有古蹟留存，但大澳仍有番鬼塘一地。
	地址或交通	從巴士總站，過粉紅橋，再步行 10 分鐘。
	備註	無

清朝初年	史事	清朝頒佈遷界令，迫沿海居民內徙，周有德和王來任力諫，方能回鄉。
	留存古蹟或古物	周王二公書院：紀念上奏廢除遷界令的兩位官員。
	地址或交通	元朗錦田水頭村內，港鐵錦上路站步行 20 分鐘可達。
	備註	或可於元朗乘坐 601 號小巴

清朝初年	史事	清朝廢除遷界令後，鼓勵客家人遷入香港。
	留存古蹟或古物	三棟屋：典型客家圍村，陳姓客家人所建。
	地址或交通	荃灣西樓角古屋里 2 號三棟屋博物館（近港鐵荃灣站）
	備註	無

清朝 初年	史事	鄭成功起兵反清，退守台灣，部下鄭建留港。
	留存古蹟或古物	鯉魚門天后廟：由鄭建曾孫鄭連昌所建。
	地址或交通	觀塘南端鯉魚門馬環村和馬背村之間
	備註	廟內存有建廟的石刻

清朝 中葉	史事	廣東沿海海盜為患，當中以張保仔最為著名。
	留存古蹟或古物	長洲張保仔洞：傳說是張保仔藏寶之地。
	地址或交通	長洲碼頭下船後，沿西灣海濱步行可達。
	備註	洞內淺窄，須注意安全。

近代篇

清朝 中葉 1840– 1842 年	史事	鴉片戰爭爆發，中英簽訂《南京條約》，香港島被英國人佔領。
	留存古蹟或古物	古物及模型：展出於香港歷史博物館。
	地址或交通	尖沙咀漆咸道南 100 號香港歷史博物館
	備註	屯門清涼法苑保留傳為林則徐所書對聯

清朝 中葉 1842 年	史事	澳門馬禮遜學校搬遷到香港，1849 年學校結束。
	留存古蹟或古物	摩理臣山：該地段原為小山，為校址所在。
	地址或交通	今港島愛群道一帶，該區仍稱摩理臣山。
	備註	區內不少建築以馬禮遜牧師命名

清朝中葉 1843 年	史事	英華書院由馬六甲遷至香港,是香港現存歷史最久的西式學校。
	留存古蹟或古物	英華書院:原校舍在 1844 年建於士丹頓街,後經多次搬遷。
	地址或交通	深水埗英華街 1 號英華書院(2003 年遷入現址)
	備註	校內設有展覽介紹校史,但不對外開放。

清朝中葉 1846 年	史事	香港最早的酒樓杏花樓開業,初位於中環,後遷至上環水坑口街。
	留存古蹟或古物	沒有古蹟留存,但可到上環六安居(舊名蓮香居)緬懷舊式酒樓的風貌。
	地址或交通	上環德輔道西 46 至 50 號六安居(港鐵西營盤站 A2 出口)
	備註	蓮香居與蓮香樓有淵源,後者於 1927 年開業。

清朝中葉 1847 年	史事	為加強防範英國,清朝建成九龍寨城。
	留存古蹟或古物	九龍寨城公園:內有衙門及城牆等遺跡。
	地址或交通	九龍城東頭村道和東正道交界九龍寨城公園
	備註	公園以江南園林風格設計

清朝中葉 1851 年	史事	士丹頓牧師創立聖保羅書院,是在香港創立歷史最悠久的學校。
	留存古蹟或古物	聖保羅書院舊校舍:現香港聖公會會督府,又稱主教府,是昔日「政府山」一部分。
	地址或交通	中環下亞厘畢道 1 號聖公會會督府
	備註	校舍始建於 1845 年,是香港第二舊建築。

清朝中葉 1856–1860 年	史事	英法聯軍入侵，清朝被迫割讓九龍半島。
	留存古蹟或古物	九龍公園：1861 年英軍在該處建立軍營。
	地址或交通	尖沙咀柯士甸道 22 號九龍公園
	備註	公園內保留若干軍營和炮台

清朝中葉 1857 年	史事	港府制訂條例，實行苦力貿易公開經營。
	留存古蹟或古物	饒宗頤文化館：曾是「豬仔館」，讓出洋華工暫住。
	地址或交通	美孚青山道 800 號饒宗頤文化館（美孚站 B 出口，經行人天橋可到達）
	備註	館內有展覽介紹建築物的歷史

清朝中葉 1862 年	史事	本港首間官立學校中央書院成立，第一代校舍在今日聖公會基恩小學。
	留存古蹟或古物	PMQ 元創方：中央書院第二代校舍所在，後用作警察宿舍。
	地址或交通	中環鴨巴甸街 35 號 PMQ 元創方
	備註	現已活化為創意設計地標，今仍保留昔日中央書院的石級與石牆。

清朝中葉 1868 年	史事	南北行同業自行組織「公所」
	留存古蹟或古物	南北行街：一條出售海味參茸的街道。
	地址或交通	上環文咸東街和文咸西街
	備註	公所位於文咸東街 135 號

清朝 中葉 1869 年	史事	義祠醜聞爆發，揭示華人缺乏醫療設施。
	留存古蹟或古物	廣福義祠（百姓廟）：供奉客死異鄉者。
	地址或交通	上環太平山街 40 號廣福義祠
	備註	廣福義祠開放時間為 9:00–17:00

清朝 中葉 1872 年	史事	東華醫院落成，是香港歷史最悠久的慈善醫院。
	留存古蹟或古物	醫院主樓正門：醫院重建時保留的古蹟。
	地址或交通	上環普仁街 12 號東華醫院
	備註	現醫院主樓為 1934 年重建

清朝 中葉 1894 年	史事	鼠疫爆發，此後 30 年間一直肆虐香港。
	留存古蹟或古物	香港醫學博物館：前香港細菌學檢驗所。
	地址或交通	中環半山堅巷 2 號香港醫學博物館
	備註	內有介紹香港公共衛生史的展覽

清朝 末年 1898 年	史事	戊戌變法失敗，康有為逃到香港，由何東接待。
	留存古蹟或古物	東蓮覺苑：由何東夫人張蓮覺出資興建。
	地址或交通	跑馬地山光道 15 號東蓮覺苑
	備註	內藏康有為贈與何東的對聯

清朝 末年 1898 年	史事	英國強迫清朝租借新界，翌年正式接管。
	留存古蹟或古物	舊大埔警署：舉行接管新界升旗禮地點。
	地址或交通	大埔運頭角里 11 號舊大埔警署
	備註	建築已活化為綠匯學苑

清朝末年 1899 年	史事	新界鄉民反抗英軍接管，爆發六日戰爭。
	留存古蹟或古物	吉慶圍：英軍攻入圍內，奪去鐵門。
	地址或交通	港鐵錦上路站步行 10 分鐘可達
	備註	正門有碑刻說明歷史原委

清朝末年 1909 年	史事	安樂園創辦，開業時為西式茶室，後加售冰鎮飲料，是香港首批冰室之一。
	留存古蹟或古物	沒有古蹟留存，但可到 1950 年開業的美都餐室緬懷舊冰室。
	地址或交通	油麻地廟街 63 號地下美都餐室（港鐵油麻地站 C 出口，步行 3 分鐘）
	備註	美都餐室是香港歷史最悠久的原址經營舊餐室

清朝末年 1910 年	史事	九廣鐵路（英段）開通，路線由尖沙咀至羅湖。
	留存古蹟或古物	香港鐵路博物館：由大埔墟火車站改建。
	地址或交通	大埔墟崇德街 13 號香港鐵路博物館
	備註	亦可到尖沙咀參觀鐘樓

清朝末年 1911 年	史事	1911 年 3 月香港大學成立，翌年大學落成啟用。
	留存古蹟或古物	香港大學本部大樓：建成於 1912 年，校園內最古老的建築。
	地址或交通	香港薄扶林道 70 至 93 號香港大學本部大樓
	備註	內有 1910 年奠基的石碑

清朝末年 1911 年	史事	廣華醫院落成，為九龍區市民提供服務。
	留存古蹟或古物	東華三院文物館：展出東華三院發展史。
	地址或交通	油麻地窩打老道 25 號廣華醫院東華三院文物館
	備註	展館原為舊廣華醫院大堂

清朝末年 1911 年	史事	1911 年 10 月，辛亥革命爆發，孫中山先生帶領革命黨，推翻清朝。
	留存古蹟或古物	孫中山史蹟徑：串連有關孫中山和辛亥革命的史蹟點。
	地址或交通	中環德己立街至西區香港大學，共 15 個景點，全長 3.3 公里。
	備註	途中可參觀中環半山衛城道 7 號的孫中山紀念館

民國時期 1913 年	史事	黎民偉等與一外國人合拍《莊子試妻》（1909 年，一美國人已在港拍攝《偷燒鴨》）。
	留存古蹟或古物	香港電影資料館：可在此參觀電影專題展覽，或觀看經典電影。
	地址或交通	西灣河鯉景道 50 號香港電影資料館
	備註	注意展覽內容和放映電影會定期更新

民國時期 1916 年	史事	袁世凱稱帝，蔡鍔經香港逃亡到雲南，發動護國之役。
	留存古蹟或古物	蔡鍔到港後曾扮作商人，入仕南北行街的利源長行。
	地址或交通	上環文咸東街和文咸西街
	備註	無

民國時期 1918 年	史事	跑馬地馬場大火，是為香港史上最嚴重的火災。
	留存古蹟或古物	戊午馬棚遇難中西士女公墓（1922 年）：悼念 1918 年跑馬地馬場大火遇難者。
	地址或交通	掃桿埔加路連山山麓咖啡園墳場（大球場停車場旁石梯登山）
	備註	公墓設有馬場先難友紀念碑

民國時期 1919 年	史事	五四運動爆發，示威蔓延全國，香港學生亦有響應，上街示威，號召抵制日貨。
	留存古蹟或古物	中華基督教青年會會所：1918 年啟用，新文化運動代表人物魯迅曾在此演講。
	地址或交通	上環必列者士街 51 號中華基督教青年會會所
	備註	五四和新文化運動息息相關，人稱為五四新文化運動。

民國時期 1922 年	史事	香港海員大罷工，中華海員工業聯合總會為爭取海員權益而發動。
	留存古蹟或古物	中華海員工業聯合總會：得孫中山命名，親筆題書工會招牌。
	地址或交通	中環德輔道中 137 號 3 樓（今已變成商業大廈華懋廣場二期）
	備註	新會址位於佐敦道 37G 統一大廈 3 樓

民國時期 1925 年	史事	省港大罷工在 1925 年 6 月至 1926 年 10 月爆發，參加者達數十萬人，嚴重打擊港英政府統治。
	留存古蹟或古物	香港名山牌坊：港督金文泰與調停罷工的華人代表同遊青山，1929 年建成留念。
	地址或交通	屯門青山禪院登山小路上
	備註	留意牌坊上刻上一眾華人代表名字，多為歷史名人。

民國時期1927年	史事	英軍使用啟德填海地為軍用機場，跑道及其他設施於日後建成。
	留存古蹟或古物	前皇家空軍基地總部大樓：建於 1934 年，基地搬遷後停用。
	地址或交通	觀塘道 50 號前皇家空軍基地總部大樓（近坪石邨）
	備註	現為明愛向晴軒家庭危機支援中心

民國時期1933年	史事	1920 年代已有巴士服務。1933 年港府批出巴士專營權予中巴和九巴。
	留存古蹟或古物	沒有古蹟存留，官方也未設博物館，只有民間人士收藏有關巴士的文物。可參觀「雷生春」，由九龍巴士創辦人之一雷亮所建。
	地址或交通	旺角荔枝角道 119 號雷生春堂
	備註	雷生春已活化為中醫藥保健中心

民國時期1936年	史事	民航設施落成後，第一班民航班機從檳城飛抵香港，降落於啟德機場。
	留存古蹟或古物	啟德郵輪碼頭公園：碼頭所在地是昔日啟德機場跑道。
	地址或交通	啟德承豐道 33 號啟德郵輪碼頭
	備註	展出歷史相片，保留降落標示等遺跡。

民國時期1941年	史事	日軍佔領廣州後，於 1941 年進攻香港，爆發十八天戰役，香港最終淪陷。
	留存古蹟或古物	香港海防博物館：由舊鯉魚門炮台改建，日軍登陸港島時爆發激戰。
	地址或交通	香港筲箕灣東喜道 175 號香港海防博物館
	備註	將改設為香港抗戰及海防博物館

民國時期 1942–1945 年	史事	東江縱隊港九獨立大隊成立，展開抗日游擊戰，打擊在港日軍。
	留存古蹟或古物	抗日英烈紀念碑：位於烏蛟騰，是東江縱隊港九大隊的重要基地。
	地址或交通	新娘潭路烏蛟騰烈士紀念園內
	備註	由原東江縱隊司令員曾生撰寫碑名

民國時期 1946 年	史事	國共內戰時，居港名人和民主人士在港開辦高等院校達德學院。
	留存古蹟或古物	屯門何福堂會所內的馬禮遜樓：即達德學院所用的校舍，校舍為抗日名將蔡廷鍇在青山的別墅。
	地址或交通	屯門新墟井財街 29 號何福堂會所
	備註	無

現代篇

中華人民共和國 1953 年	史事	石硤尾木屋區在聖誕發生火災，港府災後興建徙置大廈安置災民。
	留存古蹟或古物	美荷樓青年旅舍：由第一代「H 型」徙置大廈活化而成。
	地址或交通	深水埗巴域街 70 號石硤尾邨 41 座
	備註	內設美荷樓生活館，模擬昔日公屋生活。

中華人民共和國 1963 年	史事	香港中文大學成立，是為香港第二間大學。
	留存古蹟或古物	大學校史館：分七大展區介紹中大歷史。
	地址或交通	香港中文大學大學圖書館正門入口處
	備註	無

中華人民共和國1965年	史事	1960 年代，香港飽受制水之苦，港府與廣東省達成協議，輸入東江水。
	留存古蹟或古物	水資源教育中心：認識香港的制水時期歷史如水務設施。
	地址或交通	天水圍天柏路 20 號水資源教育中心
	備註	香港歷史博物館展覽亦有相關內容
中華人民共和國1967年	史事	無線電視啟播，提供免費服務；1973 年，麗的呼聲結束有線電視。
	留存古蹟或古物	香港文化博物館：展覽「瞧潮香港 60+」。
	地址或交通	沙田文林路 1 號香港文化博物館
	備註	介紹香港電視發展史，兼及電台廣播等。
中華人民共和國1967年	史事	因新蒲崗塑膠花廠工潮，引發六七暴動（又稱反英抗暴鬥爭）。
	留存古蹟或古物	域多利拘留所：警務處政治部在此拘留大量左派政治犯。
	地址或交通	摩星嶺域多利道（沒有門牌，位置在舊日地圖上沒有顯示）
	備註	現活化為芝加哥大學布思商學院
中華人民共和國1971年	史事	李小龍旅美回港第一部電影《唐山大兄》，掀起功夫熱潮。
	留存古蹟或古物	香港文化博物館：二樓專題展覽「平凡・不平凡——李小龍」。
	地址或交通	沙田文林路 1 號香港文化博物館
	備註	介紹李小龍生平、從影生涯、武術成就

中華人民共和國 1972 年	史事	政府宣佈十年建屋計劃，並在 1973 年成立香港房屋委員會。
	留存古蹟或古物	美荷樓青年旅舍：內設美荷樓生活館，介紹公屋生活。
	地址或交通	深水埗巴域街 70 號石硤尾邨 41 座
	備註	無

中華人民共和國 1974 年	史事	鑑於嚴重貪污問題，港督麥理浩成立廉政公署，獨立調查貪污案件。
	留存古蹟或古物	廉署開放日：不定期舉辦，讓公眾親身了解香港的反貪歷史。
	地址或交通	北角渣華道 303 號廉政公署總部大樓
	備註	除了展覽廳，或開放會面室等設施。

中華人民共和國 1979 年	史事	地下鐵路觀塘至石硤尾段通車
	留存古蹟或古物	港鐵展廊：展示港鐵發展史及模擬列車。
	地址或交通	機場快線九龍站
	備註	參觀者須預約

中華人民共和國 1979 年	史事	國家改革開放始於 1978 年，一批港商於 1979 年起北上投資，推進國家經濟建設。
	留存古蹟或古物	香港歷史博物館：常設展覽介紹香港經濟發展及與國家改革開放的關係。
	地址或交通	尖沙咀漆咸道南 100 號香港歷史博物館
	備註	現正進行更新工程

中華 人民 共和國 1984 年	史事	1982 年，中英雙方開始香港前途談判，至 1984 簽署《中英聯合聲明》。
	留存古蹟或古物	香港歷史博物館：常設展覽介紹中英談判的歷史。
	地址或交通	尖沙咀漆咸道南 100 號香港歷史博物館
	備註	現正進行更新工程
中華 人民 共和國 1997 年	史事	中英舉行香港政權交接儀式，7 月 1 日香港回歸祖國。
	留存古蹟或古物	香港歷史博物館：常設展覽介紹香港回歸歷程。
	地址或交通	尖沙咀漆咸道南 100 號香港歷史博物館
	備註	現正進行更新工程